緊急・守護霊インタビュー

台湾新総統 蔡《さい》英《えい》文《ぶん》の未来戦略

RYUHO OKAWA
大川隆法

まえがき

前日に台湾にM6・4の大地震が起きて、台湾霊界の調査もしなければなるまいと、翌二月七日に、新総統の守護霊インタビューを企画した。収録直前、予想通り、北朝鮮が長距離弾道ミサイルを発射したため、多少緊迫《きんぱく》した空気の中での蔡英《さいえい》文《ぶん》新総統リーディングとなった。

一月七日に収録して緊急発刊された『北朝鮮・金正恩《キムジョンウン》はなぜ「水爆実験」をしたのか』に続いて、今後の国際政治を分析する上での貴重《きちょう》な第一次資料が作成できたと思っている。

蔡英文氏は日台関係の同盟強化と「台湾を『国家』として認めよ」という主張を

なされている。北朝鮮に楽々沖縄上空をミサイル通過され、「PAC3《パックスリー》」など無力だと嘲笑《あざわら》われる結果となった日本政府は、この要望にどう応《こた》えるか。アジア情勢が流動化していく中で、確かな未来戦略が必要であろう。

二〇一六年　二月八日

幸福《こうふく》の科学《かがく》グループ創始者兼総裁《そうししゃけんそうさい》
幸福実現党総裁《こうふくじつげんとうそうさい》　大川隆法《おおかわりゅうほう》

緊急《きんきゅう》・守護霊《しゅごれい》インタビュー
台湾《たいわん》新総統　蔡英文《さいえいぶん》の未来戦略

二〇一六年二月七日　収録
東京都・幸福の科学　教祖殿《きょうそでん》　大悟館《たいごかん》にて

緊急・守護霊インタビュー　台湾新総統　蔡英文の未来戦略　目次

4 戦後、米ソ冷戦下で翻弄《ほんろう》された台湾　59

5 日本と台湾は、中国の覇権《はけん》主義にどう立ち向かうべきか　72

「霊言現象《れいげん》」とは、あの世の霊存在の言葉を語り下ろす現象のことをいう。これは高度な悟《さと》りを開いた者に特有のものであり、「霊媒現象《れいばい》」（トランス状態になって意識を失い、霊が一方的にしゃべる現象）とは異なる。外国人霊の霊言の場合には、霊言現象を行う者の言語中枢《ちゅうすう》から、必要な言葉を選び出し、日本語で語ることも可能である。

また、人間の魂《たましい》は原則として六人のグループからなり、あの世に残っている「魂のきょうだい」の一人が守護霊《しゅごれい》を務めている。つまり、守護霊は、実は自分自身の魂の一部である。したがって、「守護霊の霊言」とは、いわば本人の潜在《せんざい》意識にアクセスしたものであり、その内容は、その人が潜在意識で考えていること（本心）と考えてよい。

なお、「霊言」は、あくまでも霊人の意見であり、幸福の科学グループとしての見解と矛盾《むじゅん》する内容を含《ふく》む場合がある点、付記しておきたい。

緊急《きんきゅう》・守護霊《しゅごれい》インタビュー
台湾《たいわん》新総統　蔡英文《さいえいぶん》の未来戦略

二〇一六年二月七日　収録
東京都・幸福の科学　教祖殿《きょうそでん》　大悟館《たいごかん》にて

蔡英文《さいえいぶん》（一九五六〜）

中華民国《ちゅうかみんこく》（台湾《たいわん》）の政治家。国立台湾大学法学部卒業後、コーネル大学大学院で修士、ロンドン大学で博士号を取得。専門は国際経済法。台湾政治大学法律科助教授、東呉《とうご》大学教授、台湾政治大学国際貿易科教授を経《へ》て、二〇〇〇年、行政院大陸委員会主任委員に就任。民進党《みんしんとう》から立法委員選挙に出馬、当選。行政院副院長、党主席等を経て、二〇一六年一月の総統選で初当選。五月に第14代総統として、台湾初の女性総統となることが予定されている。

質問者

大川裕太《おおかわゆうた》（幸福の科学常務理事 兼《けん》 宗務《しゅうむ》本部総裁室長代理
兼 総合本部アドバイザー 兼 政務本部活動推進参謀《さんぼう》 兼 国際本部活動推進参謀）

里村英一《さとむらえいいち》（幸福の科学専務理事〔広報・マーケティング企画《きかく》担当〕兼 HSU講師）

綾織次郎《あやおりじろう》（幸福の科学常務理事 兼「ザ・リバティ」編集長 兼 HSU講師）

［役職は収録時点のもの］

1 台湾《たいわん》新総統・蔡英文《さいえいぶん》氏の守護霊《しゅごれい》を招霊《しょうれい》する

霊言《れいげん》収録直前に、突如《とつじょ》、ミサイルを発射した北朝鮮《きたちょうせん》

大川隆法　おはようございます。今日（二〇一六年二月七日）は、台湾《たいわん》の新総統に選ばれた蔡英文氏《さいえいぶん》の守護霊《しゅごれい》をお呼びして、どんな方なのか、その考え方の傾向性《けいこう》等について調べてみたいと思います。この人について書かれた本は、私もあまり読んでいないので、まだ情報は少ないのです。

そこで、本人自身の潜在《せんざい》意識から第一次情報を取り出し、今後のアジアの諸情勢についての分析《ぶんせき》に役立てることができれば幸いかと思っています。

そのようなわけで、もともとは台湾のことについて収録するつもりでいたのですが、先ほどから別件で騒《さわ》がしくなってきています（笑）。

今日、二月七日午前九時三十一分ごろ（日本時間）、北朝鮮《きたちょうせん》から、実質上は長距離弾道《ちょうきょりだんどう》ミサイルと思われるものが、予想通りのコースで撃《う》たれたようです。それは幾《いく》つかに分離・落下しながら、その一つが九時四十一分前後に沖縄《おきなわ》上空を通過し、日本の南二千キロぐらいの洋上に落下したらしいということで、だいたい予想されたコースではありました。

当初、北朝鮮側は「二月八日から二十五日までに発射する」と言っていたのを、昨日《きのう》になって、「七日から十四日までの間」と変更《へんこう》し、そのなかでもいちばん早い今朝《けさ》に発射したわけです。今日は日曜日なので、日本の役所が

産經新聞

北ミサイル発射

沖縄上空を通過

「今後も打ち上げ」

破壊措置命令は継続

軌道進入か 射程拡大警戒

北朝鮮の長距離弾道ミサイル飛行ルートのイメージ

止まらぬ暴走

自制

2016年2月7日午前9時31分ごろ、北朝鮮は国連安保理決議を無視して「人工衛星」と称する長距離弾道ミサイルの発射を強行。その一部が日本の沖縄上空を通過し、太平洋上に落下。一部は周回軌道に乗った可能性があると見られている。

（産経新聞2月8日付）

休んでいるのは承知《しょうち》の上で発射したと思います。今日でなければ、十一日の建国記念の日あたりに撃つのではないかと思っていたのですが、早くも発射したようです。日本のほうでは、すでにＰＡＣ３《パックスリー》（地対空誘導《ゆうどう》弾パトリオット３）での破壊措置《はかいそち》命令が出ていたのですけれども、結局、「微動《びどう》だにせず」というところで、「破壊できなかった」とは言わずに、「破壊しなかった」というように報道しています（笑）。実質上、発射されたという情報を得て、官邸《かんてい》等が相談しているうちに、飛び越《こ》えてしまったのだろうとは思います。

そのミサイルのコースとしては、二〇一二年十二月に発射されたときと似たようなコースであり、先端《せんたん》に人工衛星を載《の》せているのかどうかは分かりませんが、事実上、長距離弾道ミサイルの実験だったと思われます。

先般《せんぱん》、一月六日にも「水爆《すいばく》実験」と称《しょう》した四度目の核《かく》実験を行《おこな》っています。これで、いちおう、「弾道ミサイルは撃てる」ということになるのでしょうが、少なくともアジア太平洋地域は射程に入っていることが確実です。すなわち、これは、少なくとも「グアムにもハワイにも届くぞ」ということは示していると思います。

また、「だいたい狙《ねら》ったコースに撃てる」ということも、「予告して撃てる」ということも分かりました。そのとおりのコースで撃てるということは、日本を狙えば日本に撃てるし、フィリピンでも、ベトナムでも、台湾でも、どこでも撃てるということだろうと思います。

これについては、大きな問題になってきたら、また話をしなければいけないでしょうが、安倍《あべ》首相等は、とりあえず、「国連決議違反《いはん》だ」と言って非難している程度で、それ以外のことはできない状態です。北朝鮮としては、アメリカと対等に交《こう》渉《しょう》し、自国の体制の安泰《あんたい》を図《はか》りたいというところでしょう。

台湾《たいわん》の地震《じしん》、桜島《さくらじま》の噴火《ふんか》と立て続けに災害が発生するきな臭《くさ》さ

大川隆法　それから、一昨日《おととい》、二月五日午後七時直前に桜島《さくらじま》（鹿児島県）が再び噴《ふん》火《か》し、少々ぞっとするものがありましたが、「また何か始まるのだろうか」と思っ

ていたところ、昨日の六日早朝に、台湾《たいわん》の南のほうでマグニチュード6・4の地震《じしん》が起きました。今のところ、数十名の死者と数百名の負傷者が出ているのではないかと言われています。大きなマンション等も倒《たお》れていますが、これは何を意味するのでしょうか。

このように、日本の桜島噴火、台湾の地震、北朝鮮のミサイル発射と、何となくあまりよくない状況《じょうきょう》が続いているようで、〝きな臭《くさ》い〟感じがします。

つい先ほどは、茨城《いばらき》県を中心に北関東で震度四の地震があったそうです。また、この前も、神奈川《かながわ》県を中心に震度四の地震がありました。「何かうごめいているものがあるのかな」という感じがしています。

それはそれとして、蔡英文氏が台湾総統になるのは五月ごろ（就任式は五月二十日）であり、今はまだ馬英九《ばえいきゅう》総統の代ですが、今回のことが馬総統に関連しているのかどうかは分かりません。

ただ、先般、馬総統が南シナ海の太平島《たいへいとう》に視察に行ったという報道もされていま

2016年2月6日、台湾南部を襲った大地震

2016年(平成28年)
2月7日
日曜日
朝日新聞

就寝中倒壊「押しつぶされた」

台湾地震 死者14人

春節連休 建物中で悲

住宅ローン金利引き下げ実施中!

三井住友信託

オピニオン&フォーラム・社説・声

GLOBE

笑いの力

危険な密集地、解消進まず

W杯ジャンプ 高梨9連勝

石炭

2016年2月6日午前3時57分(現地時間)、台湾南部の高雄市付近を震源とするマグニチュード6.4の強い地震が発生(下図)。最も被害の大きかった台南《たいなん》市では、構造上の欠陥が疑われている高層マンション等の倒壊により、8日時点で死者数十人、行方不明者百人以上、負傷者数百人に上っており、今後の救出作業のなかで死者数が百人を超えるのではないかと見られている。
(左:朝日新聞2月7日付)

日本、台湾、中国の位置関係と今回の震源地

したが、あのあたりには中国が三キロメートルの滑走路《かっそうろ》をつくっている環礁《かんしょう》もあります。

どちらにしても、アジアが緊迫《きんぱく》してくるような状況かと思います。安倍首相も、多少、怒《いか》りを含《ふく》んだような会見をしていたので、何かしないではいられなくなってきているのかもしれません。

台湾人《たいわんじん》の支持する総統は「中国寄り」の馬《ば》氏から「独立派」の蔡氏へ

大川隆法　台湾《たいわん》の馬《ば》総統のほうは、中国と接近して吸収されるかもしれないという方向の意見を持っていますが、四年前の二〇一二年にも蔡英文氏と総統争いをしています。そのときには馬氏のほうが勝っており、「自分が総統になったことで、中国との戦争の危険がなくなったのだ。もし蔡氏がなっていたら戦争になるところだったので、これでよかったのだ」というようなことを自《みずか》ら述べていたと思います。

しかし、その四年後には、「馬総統は『中国寄り』すぎるので、やはり危ない」

と人々が感じたのか、「独立派」と目される民進党《みんしんとう》の蔡英文氏が勝ちました。

今のところ、蔡氏は、はっきりと「独立する」というような言い方はせず、やや中立というような言い方をしていますが、その本心については、今日聞けるのではないでしょうか。

日本の安全保障を考える上でも極《きわ》めて重要な台湾《たいわん》の動向

大川隆法　いずれにせよ、今回、蔡氏が勝ちましたので、流れは変わったと思います。

これで中台関係は悪くなるのかどうか。あるいは、日本との関係はどうなるのか。韓国《かんこく》や北朝鮮についてどう思っているのか。また、アメリカ関係も含め、国際政治、外交にかかわることとして、日本の安全保障を考える上では極《きわ》めて大事なことだと考えます。

私たちが幸福実現党を立ち上げた二〇〇九年にも、北朝鮮はミサイルを発射し、

NHKが「謎《なぞ》の飛翔体《ひしょうたい》」というような言い方で一生懸命《いっしょうけんめい》に報道することに対して腹が立ち、それを叱《しか》っていたのを覚えています。しかし、今回は、文字としては「飛翔体」と表示されたりしたものの、「事実上の長距離弾道ミサイル」などとNHKも言っていますので、そのころよりは変わったのではないでしょうか。

さあ、このアジア情勢を、新しい総統はどのように考え、どのようにかかわろうとしているのか。

今日は質問者に論客《ろんきゃく》が揃《そろ》っていますので、そのあたりのことについて、いろいろな角度から訊《き》いてくだされればよいかと思います。

なお、蔡氏は台湾《たいわん》の方ではありますけれども、アメリカやロンドンにも留学なされているし、英語もできると思われますが、今朝、守護霊と話した感じでは、守護霊は日本語で会話できるようではあったので、大丈夫《だいじょうぶ》なのではないかと思います。

ちなみに、近隣《きんりん》の国の方を招霊《しょうれい》すると、なぜか日本語でしゃべれる傾向があるのです。どこかでお勉強をなされているか、「魂《たましい》のきょうだい」のなかに日本関連の

●**魂のきょうだい**　人間の魂は、原則として、「本体が1人、分身が5人」の6人グループによって形成されており、これを「魂のきょうだい」という。この6人が交代で、一定の期間をおいて違う時代に地上に生まれ、天上界に残った魂のきょうだいの一人が守護霊を務める。

方がいることが多いのかもしれません。

台湾《たいわん》の次期総統・蔡英文氏の守護霊を招霊《しょうれい》する

大川隆法　では、始めたいと思います。

台湾《たいわん》の次期総統である蔡英文氏の守護霊よ。

どうぞ、幸福の科学教祖殿《きょうそでん》に降りたまいて、新しい総統となることの抱負《ほうふ》と、これからの国際情勢等についてどのように考えておられるのか、国家戦略をどのように考えておられるのか、そういうことについて、忌憚《きたん》のないご意見をお聞かせいただければ幸いです。

蔡英文氏の守護霊よ。

蔡英文氏の守護霊よ。

どうか、幸福の科学教祖殿に降りたまいて、そのお心の内を明かしたまえ。

ありがとうございます。

（約五秒間の沈黙《ちんもく》）

2 台湾《たいわん》総統選での勝利をどう見ているか

「北朝鮮《きたちょうせん》のミサイル発射に心が騒《さわ》いでいるところ」

蔡英文守護霊　（約十秒間、首を小刻《こきざ》みに左右に振《ふ》ったあと、上下に揺《ゆ》らす）

里村　おはようございます。蔡英文次期総統の守護霊様でいらっしゃいますでしょうか。

蔡英文守護霊　うーん、そうよ。

里村　今日は、本当に朝早くから、このように初めてお話をお聞かせいただく機会を頂きました。

蔡英文守護霊　いや、台湾《たいわん》も、今ねえ、北朝鮮《きたちょうせん》のミサイルのほうで、ちょっと騒《さわ》いでるので（笑）。

まあ、まだ馬《ば》総統だからね、直接ではありませんけど、私も、今、ちょっと心が騒いでいるところです。

里村　はい。今、「心が騒いでいる」とおっしゃったように、今日はぜひ、そうしたいろいろな心の内も併《あわ》せて、お考えをお伺《うかが》いできればと思います。

蔡英文守護霊　ああ、ああ。

幸福の科学からの発信によって行き渡《わた》った「中国の危険性」

里村　まず最初に、昨日《さくじつ》、台湾で地震《じしん》がございましたけれども……。

蔡英文守護霊　ああー、もう、大変。

里村　はい。まず、これに関して心よりお見舞《みま》いを申し上げます。

蔡英文守護霊　まあ、ありがとう。「お金」のほうがもっといい。

里村　はい（笑）。日本としても、できることはすべてやっていきたいと思いますし、私ども幸福の科学グループも、いろいろなお手伝いをさせていただきたいと思います。

蔡英文守護霊　うーん。

里村　東日本大震災のときも、台湾のみなさまからは、支援金《しえんきん》などいろいろなご支援をずいぶん頂きました。

蔡英文守護霊　うん、うん。まあ、私が総統になったから地震が起きたんではなくて、やっぱり、馬さんがまだ頑張《がんば》ってるから起きたんだと思いたいなあ、と思ってます。

里村　はい。実は、そのあたりも、やや繋《つな》がる節《ふし》があるので、少しお話をお伺いしたいのですが、地震の話はもう少しあとにいたしまして、政治の現状に近いところからお伺いしたいと思います。

今、お見舞いを申し上げたばかりで恐縮《きょうしゅく》でございますけれども、まず、今回、台湾総統選での勝利、および民進党《みんしんとう》の台湾立法院での過半数獲得《かくとく》という勝利、おめでとうございます。

蔡英文守護霊　うーん。いや、ありがとう。

里村　まずはそのあたりについて、守護霊様の今のご心境はいかがでしょうか。

蔡英文守護霊　ああ、いやあ……。それは、まあ、あなたがた幸福の科学や幸福実現党が、二〇〇九年以降、一生懸命《いっしょうけんめい》、政治運動をしてくれて、中国の脅威《きょうい》や北朝鮮の脅威とかを、一生懸命に言ってくださったおかげで、だいぶ中国の危険性が行き渡《わた》ってきました。最初は、習近平《シージンピン》に期待する人だって多かったですしね。

里村　はい。

蔡英文守護霊　馬総統も、たぶん、そうだと思いますけども、習近平《しゅうきんぺい》に期待して、（台湾が）「強くなれる」と思ってたころに、幸福の科学から、「危険な方《かた》ではないか」という意見がずいぶん出てきた。台湾でもね？　言ってましたね（『世界皇帝《こうてい》をめざす男』『中国と習近平に未来はあるか』〔共に幸福実現党刊〕参照）。そちらのほうがだいたい支持されてきたということですから、まあ、あなたがたの間接的な勝利でもあるのかなあと思いますけどね。

今の台湾《たいわん》は「舵《かじ》を切り間違《まちが》えてはならないところ」

里村　今、非常に興味深いお話を冒頭《ぼうとう》から頂いたのですけれども、そうすると、やはり、守護霊様が、今回の選挙の勝因として考えていらっしゃるのは、「中国に対する一定の警戒感《けいかいかん》」、そして、「民意の変化」ということですか。

蔡英文守護霊　まあ、ほとんどこれよね。

里村　はい。

蔡英文守護霊　だから、中国が「善良な隣人《りんじん》」であるか、「危険な隣人」であるか。「狼《おおかみ》」かどうかかね。この判断でしょ？

馬総統は、友好関係を築けると思っていた。「もし、（中国に）吸収されるようなことがあっても大丈夫《だいじょうぶ》。変わらない。中国の発展と同じようなものは味わえるから大丈夫」と思ってた節《ふし》があると思うんですけども、私たちは、やっぱり、「台湾《たいわん》固有の領土も文化もあるから、望ましくない」と思ってた。

だけど、流れはね、やっぱり、「中国は危険」っていう流れが出てきたし、まあ、香港《ホンコン》なんかを見て、そうとう影響《えいきょう》が出たよね。香港の「雨傘《あまがさ》革命」あたりからあと、五十年も体制を保障しないで、中国がどんどん自分らのやり方に変えてきて、独裁を進めてきてるのを見れば、「台湾の自由を保障する」なんて言われたって、そんなの（笑）、全然信用できない。

里村　はい。

蔡英文守護霊　もう十年もしたら、完全に北京《ペキン》の指導下に置かれるのは見えてますよね。台湾国民もバカではないから、その程度のことはよく分かるので、今、ちょっと、「舵《かじ》を切り間違《まちが》えてはならないというところ」だと思う。

まあ、馬総統側のほう、国民党のほうは、もちろんねえ、「（民進党政権になったら）中国との戦争の危機が迫《せま》る」みたいなことは言うんだろうけどね。でも、うーん……。まあ、それは、これからの考え方だとは思うけどね。

「『台湾《たいわん》は、中国本土に支配された国の歴史はない』と思っている」

里村　今の守護霊様のお話を裏づけるように、まず、今回、台湾《たいわん》の若者たちを中心に新しい動きが出てきました。特に、中国との距離感《きょり》等に対して、「一定の距離を取るべきだ」という動きが出てきたりと、大きな変化がございました。

それから、もう一つ象徴《しょうちょう》的なのが、建国以来、ずっと国民党の地盤《じばん》であった地域を、民進党が軒並《のきな》み押《お》さえるようになったことです。

こうしたことから、私は、今回の台湾の総統選、あるいは、日本の衆議院選挙に当たる立法院選挙の結果は、単に針が左右に振れているということではなく、要するに、中国が、「一つの中国なのだ」ということを押しつけてきたことに対して、明確に「台湾は、台湾である」というような、そういう土壌《どじょう》の変化そのものが生まれてきたのではないかと思うのです。

つまり、「台湾は新しい時代に入ったのではないか」と、ややオーバーにも捉《とら》えているのですけれども、いかがでしょうか。

蔡英文守護霊　うん。だからね、日本のみなさんはどこまでご存じか知りませんけど、国民党っていうのは、「外省人《がいしょうじん》」と言ってね、先の大戦中の内戦で、中国本土から逃《に》げてきた人たちが中心になってる。だから、もともとあちらの、漢民族系統の人たちですからね。気持ち的には、中国本土と繋がってるものは持ってると思うんです。

里村　はい。

蔡英文守護霊　うーん、ただ、李登輝《りとうき》さんなんかは、もう、日本でそこそこ人気があったからね。

●外省人　1947年前後、中国本土の内戦で共産党に敗れた国民党と共に台湾に移住してきた人々とその子孫である漢民族のこと。これに対し、それ以前から台湾に住んでいた人々を「本省人」という。

里村　はい。

蔡英文守護霊　まあ、理解はされてないかもしれないけど、その外省人と、台湾にもともといた人たち（本省人《ほんしょうじん》）とでは、ちょっと考えに違うものはあってね。私たちは、「中国本土、漢民族に支配された国の歴史はない」と思っているんでね。だから、近くにあるけど、沖縄《おきなわ》が中国ではないのとおんなじで、「台湾も（中国とは）違う」と思っていますよ。

欧米《おうべい》思考からは信じられない「中国のよくない文化」

里村　もう一点、象徴的でしたのが、前回の総統選で、残念ながら蔡さんが敗れたとき、中国は、馬総統が当選したことに対して、非常に祝福のメッセージを送っています。

一方、今回の総統選の結果に関しては、「誰《だれ》が総統になろうとも、一つの中国の原則は揺るがせてはならないのだ」という、釘《くぎ》を刺《さ》すようなメッセージを送ってきました。

このあたりについては、いかがお考えでしょうか。

蔡英文守護霊　うーん。まあ、中国にはねえ、悪いところがあるのね。もう、自分たちで一方的に、「自分の領土だ」って決めつけてくるね？

里村　ええ。

蔡英文守護霊　もう、台湾も自分の固有の領土だし、沖縄だってそうだし、尖閣《せんかく》だってそうだし、ねえ？　まあ、「日本だって固有の領土だ」って言いかねないぐらいだからね。

里村　はい。

蔡英文守護霊　そういう、何て言うかね、こう……、傍若無人《ぼうじゃくぶじん》なところがあるね。だから、あれをビジネスで言えば……、何て言うの？　まず相手に高く吹《ふ》っかけて怯《ひる》ませておいて、最後、「値引き」するんだけど、得したように見せる感じの、ブラフ（はったり）ね。

里村　はい。

蔡英文守護霊　ブラフで、最初から適正値段で売り買いしようと思わずに、相手に高く吹っかけて交渉《こうしょう》する、あのやり方ね。

里村　ええ。

蔡英文守護霊　アジアや……、西のほうのアジアもそうだけど、その一部にある文化と同じで、ちょっとよくない文化があるね。だから、欧米《おうべい》の思考を学んだ人から見たら、ちょっと信じられないところがあるけど、こういう悪いところがあるね。だけど、台湾ねえ……。口一つで台湾が取られたら、日本も危ないよ。

里村　はい。

蔡英文守護霊　まず危ないと思うね。

「馬《ば》総統と習近平《しゅうきんぺい》国家主席の会談」をどう評価するか

里村　今回の選挙結果に繋がったのではないかと思う出来事として、昨年十一月に、馬《ば》総統と中国の国家主席習近平《しゅうきんぺい》氏との会談がありました。これを「歴史的だ」と言って、快挙とした向きもございましたけれども、この馬総統が習近平国家主席と会って会談したということを、蔡さんの守護霊様はどのように評価されていますでしょうか。

蔡英文守護霊　まあ、ハハッ。冗談交《じょうだんま》じりに言えば、「馬脚《ばきゃく》を現した」っていうことで、ハハハハハハ（笑）。

里村　あっ（笑）、馬脚を……。

蔡英文守護霊　「馬《ば》（総統）が馬脚を現した」って感じかなあ……（笑）。

里村　（笑）はい。

蔡英文守護霊　日本的に言えば、「親方日の丸」って言うんだろうけども、「〝親方北京《ペキン》〟みたいな感じに繋がっておれば、台湾の繁栄《はんえい》は安定だ」という考えでしょ？

里村　はい。

蔡英文守護霊　うん。だから、「もうすぐ世界最強になるところ、最大・最強になるところと繋がっていることが台湾の未来だ」という考えでしょう？　彼はね。

里村　ええ。

蔡英文守護霊　それで、（馬総統は）「私はそれに適任だ」ということで、そのトップと会えるところを見せて、総統選に有利に働くようにしたかったのが、〝逆にやっちゃった〟ということだな。「民意を読み違えた」ということだよな。

里村　はい。

蔡英文守護霊　うーん、これはね、まあ、沖縄県知事なんかが「北京詣《もう》で」なんかをし始めたら、日本国民だっておんなじになるだろうね。「いつ中国の属国になったんだ」って、やっぱり言うでしょ？　きっとね。

他国との「差」をつけようとする中国

里村　首脳会談直後の記者会見でも、中国側は習近平主席本人ではなく、役職が下の事務官が出てきました。一方、台湾のほうは、馬総統ご自身が、ある意味、非常に高揚《こうよう》した表情で記者会見に参加されて、何となく立場というか……。

蔡英文守護霊　いや、中国は必ずそうするから。

里村　はい。

蔡英文守護霊　差をつけるから。だから、「台湾は（中国の）一省」、つまり、日本で言えば「県知事にしかすぎない」ということを見せる、あるいは国民向けに見せねばいけないのでね。「対等でないよ」と。対等だったら「国家 対 国家」になるけど、「対等でないと見てる」ということをね。

だから、例えば、沖縄県知事だったら、安倍《あべ》さんと直々《じきじき》に何度でも交渉できるか、官房長官《かんぼう》の菅《すが》（義偉《よしひで》）さんで止まるか、あるいは、沖縄担当大臣や、そんなところで止まるか。まあ、そういう、「どこで止めるか」のレベルで、相手の格を示そうとしているわけね。

3　蔡英文氏守護霊が考える「日台関係」

「親日《しんにち》であることが、繁栄《はんえい》のもと」と考えている蔡英文氏守護霊

里村　今日のお話の冒頭《ぼうとう》から、やはり、馬《ば》政権に対する批判もかなり強くおありだなと、改めて感じましたけれども、今年の五月、蔡英文氏に政権がバトンタッチされます。このバトンタッチによって、何が変わるのか、また、これから、どのように変えていくのか、お考えをお聞かせください。

蔡英文守護霊　二〇一二年にね、前回の総統選があったと思うけど、まあ、日本で言やあ、民主党政権を立てたのと同じような災《わざわ》いが、台湾《たいわん》にもあったということね。

里村　災い……。

蔡英文守護霊　ええ、災いね。だから、災いを祓《はら》わなきゃいけないのでね。やっぱり、台湾には台湾のよさがあるし、繁栄《はんえい》があるしね。

里村　はい。

蔡英文守護霊　中国本土から見れば、台湾は、長らく、うらやましい繁栄を示していたし、その「台湾の繁栄」の基礎《きそ》は、やはり、かつて日本人がたくさん来て、発展の基礎をつくってくれたというところで、それが台湾の発展になった。日本側の陣営《じんえい》に入っていたことが繁栄のもとで、つまり、「親日《しんにち》であることが繁栄のもとだ」と思いますね。

だから、親日であることが、欧米《おうべい》文化にも繋《つな》がる考え方を維持《いじ》できることだと思うので。どちらの文化圏《けん》に入るかは大きいね。

里村　ほお。台湾《たいわん》は、世界史の大きなターニングポイントになる戦略的要地

綾織　ということは、「今後、日本と連携《れんけい》をしながら、経済的にも発展していきたいし、ある意味で、安全保障面についても、結びつきを強めていきたい」というお考えでしょうか。

蔡英文守護霊　台湾《たいわん》の安全、国防も、フィリピンの国防やベトナムの国防、日本の国防もみんな一緒《いっしょ》よ。これは、みんなで力を合わせて護《まも》らないと。〝狼《おおかみ》の侵略《しんりゃく》〟を防がないといけないね。台湾はねえ、中国本土から見りゃあ、喉《のど》に刺《さ》さった骨みたいなもんね。

里村　ええ。

蔡英文守護霊　小骨《こぼね》が刺さってるような状況《じょうきょう》で、台湾があるかぎり、あちらの、ペルシャ湾方面……。まあ、中国も石油を取りに行きたいところだけど、台湾があるかぎり、海洋が、必ずしも自由でないところがあるからね。

里村　はい。

蔡英文守護霊　これを自分たちのものにしてしまえば、もう完全に自由になるからね。小骨が刺さってる状態だから、この棘《とげ》を抜《ぬ》きたいね。小骨を抜きたいね。

だけど、〝この棘を抜く〟のは、中国にとってはプラスかもしれないけれども、日本にとっては将来的に大変なことで、これが「シーレーン確保の問題」になってるし。それから、日本と同盟を結んでるアメリカにとっても、「アジア太平洋、アフリカ方面を含《ふく》める海洋戦略が自由にならなくなる」ということで、台湾は要衝《ようしょう》の地だからね。

里村　はい。

蔡英文守護霊　台湾は小さいかもしれないけど、世界史の流れにおいては、大きなターニングポイントになる、そういう戦略的要地ね。

中国による経済制裁について、どう考えているか

大川裕太　今日は、ご降臨くださりありがとうございます。

蔡英文守護霊　はい。

大川裕太　私から、まずお聞きしたいことなのですが、李登輝《りとうき》総統の時代には、まだ日本の経済力が中国よりもはるかに大きかったということもあり、台湾の方々にとっては、「親日」というのがイコール「経済的繁栄」に繋《つな》がっているというように考えられたと思います。

ただ、「馬総統の時代には、台湾の経済はそれほど良くはならなかった」という評価も聞いておりますが、「中国と繋がることが、台湾の経済的な繁栄を導くのだ」という考え方が一つあるのかなと思います。

特に、蔡さんが台湾の総統になられたあとは、おそらく、北京《ペキン》のほうは、台湾に対する経済制裁等を強めてくるのではないか、と思うのですが、その際に、台湾の財界等の、中国に協調するような方々が、「中国に対する強硬《きょうこう》な動きはやめてくれ」と言ってくるのではないかという予想はしています。

蔡英文守護霊　うん、うん。

大川裕太　例えば、オーストラリアでも、前に、アボットさんという方が首相をされていて、親日のスタンスを押《お》し出されていたのですが、結局、中国への石炭、鉄鉱石等の輸出や、中国からの投資など、中国との経済関係を重視する国内の世論《せろん》もあり、ターンブルさんという、より親中の首相に代わった（二〇一五年九月）ということもありました。

こうした背景も踏《ふ》まえると、この「日本と中国と、どちらを取るか」というような話に関しては、経済的な問題を含めて、台湾の国内世論の影響《えいきょう》を、どのようにお考えでしょうか。

蔡英文守護霊　うーん。まあ、李登輝さんはね、国民党でも、日本に留学もしたことのある人で、日本語も堪能《たんのう》な方だから。まあ、日本人にとっては、われらの二つの党の違《ちが》いはほとんど分からなかった面があるけど、馬総統は、ちょっと違ったからね。

それから、「中国が制裁するかもしれない」っていうことだけど……。まあ、今は、中国が旧正月で休みだからね、〝爆買《ばくが》い〟で、日本にたくさん来るのを、すごい頼《たよ》りにしてるけども、〝爆買い〟してるのは中国からだけじゃなくて、台湾からも来て、〝爆買い〟してる。まあ、（日本人には）両方、中国人に見えてるから、まあ、一緒なのかもしれないけど、こっち（台湾人）も来てるんだけどもね。

私が総統になることによって、もし、北京政府が何らかの経済制裁とかを加えるということになっても、北京政府の侵略的な態度は分かってきてるから、たぶん、日本もアメリカも。

まあ、日本も、おそらく中国との取引は少しずつ減ってくるはずだし、アメリカも、万一《まんいつ》、（次期大統領が）民主党のヒラリーさんになったとしても、今までと同じではなかろうと思うんですね。やっぱり、中国に対しては制裁をやらなきゃいけないので、警戒《けいかい》してくるとは思う。

だから、対中国の貿易が減った分、台湾に回してもらえば、別に、それで十分カバーできるから、そんなに問題ないと思ってますね、私はね。

里村　ええ。

蔡英文守護霊　中国と（取引を）やらなくても、日本と繋がってるだけでも、十分、台湾は生きていける。

「鴻海《ホンハイ》」によるシャープへの支援《しえん》について意見を訊《き》く

里村　今回、日本の企業《きぎょう》のシャープが、大きな台湾企業グループの鴻海《ホンハイ》から支援《しえん》を受けるというかたちになりました。

鴻海グループ自体の商売の中心は中国本土のほうで、そちらに物を売るということでやっているのですが、今回、鴻海がシャープ支援のほうに出てきたというあたりは、いかがでしょうか。

蔡英文守護霊　うーん。それは、企業の経営者の考えることだから、私がどうこうっていうことはないけどねえ。別に、国家が企業経営してるわけではありませんから、今後、どういう戦略を取るつもりなのかは分かりません。

ただ、「シャープを残しながら、資金援助して立て直すことができる台湾企業が出てきた」ということは、少なくとも、日本の将来に対して、「経済交流を深めておいたほうがいい」という判断をしているということは間違いないでしょうね。中国本土と取引が多いと言っても、少なくとも、やっぱり、リスクはヘッジしようと見てるのは間違いないと思いますね。

里村　ほお、なるほど。

そうすると、「乗っ取り」とかそういうニュアンスではなくて、やはり、先ほどのお答えにあった、日本との経済的な結びつきをより強くする方向で、対中国との今後の流れに、リスクヘッジを取っていくという……。

蔡英文守護霊　取引先が一つだけの〝オンリーさん〟になってたら、完全に取られてしまうことがあるからね。鴻海だって、中国政府に接収《せっしゅう》されるのを、すごく怖《こわ》がってますよ。

里村　なるほど。

蔡英文守護霊　だからね、もちろん、取引はビジネスとして成り立つ範囲《はんい》ではしますけども、〝乗っ取られる〟のは、そらあ嫌《いや》だよね。国営企業にされたらたまらないですからねえ。やっぱり、日本やアメリカのほうと資金的にも繋がっておかないと、危険ですよね、何かのときにはねえ。

里村　はい。

蔡英文守護霊　当然、それを考えてると思う。だから、万一、台湾が中国に接収される、あるいは侵攻《しんこう》されるようなことがあったら、本社を日本に移すぐらいのことだって考えてるはずですよ。それは、そうですよ。

「沖縄《おきなわ》問題を〝挟《はさ》み撃《う》ち〟で解決し、日本との関係を緊密《きんみつ》にしたい」

里村　二年前、台湾の学生たちが、立法院を占拠《せんきょ》したことがありました。

蔡英文守護霊　はい、はい。

里村　そのきっかけになったのは、中国との自由貿易の協定が、まったく密室下で行われたことのようです。これに対する台湾の若者たちの憤《いきどお》りというのは、非常に強かったと思います。要するに、中国との経済的な結びつきが、これ以上強くなることに対する警戒感が強かったということだと思うのです。

翻《ひるがえ》って、日本に対して望むことというか、日本と、より緊密《きんみつ》な関係を望まれていると理解してよろしいでしょうか。

蔡英文守護霊　うん。私は、そういう情報を発信しますから、今後ね。なるべく、そうしますので。

里村　ほお……。

蔡英文守護霊　これで、日本の沖縄《おきなわ》の問題は、〝サンドイッチ〟になりますから。

要するに、私が日本寄りの態度を発信しますので、たぶん、日本政府は、それはウエルカムだと思うから、沖縄問題は〝挟《はさ》み撃《う》ち〟で解決すると思います。

そして、いちおう、それを梃子《てこ》にして、日本との関係をもうちょっと緊密なものにしたいと思っています。

里村　ほお。そうすると、例えば馬総統のとき、尖閣《せんかく》に関して、中国と同じころに「台湾の領土である」と主張するようなことがあったと思いますが、このあたりは、今後、若干《じゃっかん》ニュアンスが違ってくるわけですよね？

蔡英文守護霊　まあ、人によるからねえ。李登輝さんは、「尖閣は日本のものだ」と言っておられたからね、国民党でもね。

里村　はい。

蔡英文守護霊　だから、人によって違うからねえ。

中国北京《ペキン》政府の場合、「(尖閣諸島は) 台湾のものだ」と主張しても、〝台湾は中国のもの〟だからさ。「台湾のものだ」と主張しても、「中国のものだ」と言ってるのと同じだからねえ。中国のものでも、台湾のものでも、どっちでも構わないから。(中国は) 権利が多けりゃ多いほどいいと思っているんでしょう。どっちみち取るんだろうからねえ。

あとは、ベトナムやフィリピン、台湾、中国、日本のあたりでも、島に関しては、領土争いがすごくあるからねえ。「次のアメリカのリーダーが、どうなるか」とも絡《から》んで、南シナ海、東シナ海あたりの海の安全は、戦略、外交によってかなり変わってくるでしょうね。

4　戦後、米ソ冷戦下で翻弄《ほんろう》された台湾《たいわん》

ベトナム戦争において、アメリカの〝見えない敵〟であった中国

大川裕太　私からもう一つ、アメリカについての蔡さんのお考えをお訊《き》きしたいと思います。

まず、「台湾《たいわん》を切ったのは、実はアメリカのほうからだ」というふうに言われています。

蔡英文守護霊　うーん。まあ、それはそうですよ。

大川裕太　まず、ニクソン大統領が訪中されまして（一九七二年）、日本と台湾の

頭を飛び越《こ》えて、アメリカとの実質上の同盟国であった台湾をスルーして、中国と国交を復活させようとしてしまいます。

さらに、カーター大統領も、中国に言いくるめられて、アメリカと台湾との「断交、米軍撤退《てったい》、条約破棄《はき》」という中国からの要求を呑《の》んでしまいます。

このように、中国は、アメリカとの関係を樹立する上で、必ず、「台湾に対して見切りをつけろ」ということを要求してくるわけです。

蔡英文守護霊　うん、うん。

大川裕太　カーター大統領に続くレーガン大統領のときは、「私は台湾人民を愛している」ということを発表されたりして、中国の北京《ペキン》政府との距離《きょり》の取り方をしっかりわきまえていらっしゃったんですけれども、その後のブッシュ大統領（父）と、クリントン大統領は、鄧小平《とうしょうへい》や江沢民《こうたくみん》に手玉《てだま》に取られてしまったようで、中国との関係改善に固執《こしゅう》し、クリントン大統領に至っては、北京の要求に合わせて、「台湾の独立を支持しない、『二つの中国』を支持しない、台湾の国連加盟を支持しない」という、台湾への「三つのNO《ノー》」を認めてしまいました。

蔡英文守護霊　うーん。

大川裕太　ブッシュ大統領（父）かどなたかが、「台湾問題というのは、アメリカが自分から同盟を破棄した唯一《ゆいいつ》の例だ」ということをおっしゃっていたかと思います。

蔡英文守護霊　うん。

大川裕太　このように、アメリカは、中国との関係を強化する際に、必ず、「台湾との関係をどうするか」という問題を、踏《ふ》み絵のように試《ため》されてきて、アメリカ自身が、実は台湾を見切ってきた過去がある、ということがございます。

このあたりに関して、アメリカやイギリスにも留学された蔡さんの目からご覧《らん》になられて、はたして、アメリカという国は信用に足りるのか、あるいはアメリカはいつでも台湾を見切ってしまう可能性があるのか、このあたりのお考えを、お聞かせいただければありがたいです。

蔡英文守護霊　まあ、あなたがまだ生まれてないころの話だろうから、どの程度実感を持っておられるかは知らないけれども、そのころ、アメリカは、旧ソ連と冷戦がまだ続いていて、どっちが勝つか分からない状態が続いていたわけで。

その前の、一九六〇年代、つまり、ケネディの時代は、キューバ危機を経験してねえ。「ソ連と核《かく》戦争があるかもしれない」っていうキューバ危機も経験してますし、そのあと、ベトナム戦争にも突入《とつにゅう》していって……。まあ、事実上、北ベトナム

●キューバ危機　1962年、キューバを舞台に、ソ連のミサイル基地建設をめぐって米ソが対立した事件。その危機的状況は、核戦争寸前にまで達した。

に入ったのは中国軍だよねえ。

だから、アメリカは、（北ベトナムの）ベトコン（南ベトナム解放民族戦線）と戦ってたつもりでいたけども、中国軍が武器、弾薬《だんやく》を無限に供給したり、実は、中国兵がミグ戦闘機《せんとうき》に乗り込《こ》んで操縦《そうじゅう》してたりしたっていう。

だから、北ベトナムが負けなかった理由は、中国から地続きで応援《おうえん》も、だいぶ受けてたからだねえ。だから、負けなかった。それがなかったら、きっと負けてたから。〝見えない敵〟としての中国が、間接的に、代理的に戦った。

終戦の五年後に起きた朝鮮《ちょうせん》戦争の悲惨《ひさん》さ

蔡英文守護霊　その前に、朝鮮《ちょうせん》戦争もあったよねえ。一九五〇年からの朝鮮戦争でも……。まあ、日本は日本の大東亜《だいとうあ》戦争、太平洋戦争、第二次大戦の被害《ひがい》と悲惨《ひさん》さばっかり言ってるけども、朝鮮戦争にどのくらいの悲惨さがあったかは、今の日本の若い人に訊《き》いても、たぶん、ほとんど知らないと思う。

だから、米軍は三万何千人かは亡《な》くなったけども、韓国《かんこく》側の死者は、五十万人は超《こ》えていたと思うしね。

実は、朝鮮戦争だけども、中国軍がそうとう入って戦っていて、中国軍側の死者は、八十万人から百万人ぐらいとも言われているほどの〝あれ〟なんですよね。北朝鮮側も何十万人も死んでますけど、あれは、けっこう大きな戦争で、実は、百万人も二百万人も死んでるんです。そういう戦争が、日本の戦争終結後、わずか五年余りあとに起きてる。

マッカーサーが、今、北朝鮮が、核ミサイル……、いや、弾道ミサイルを発射してるあたりのところに、「核爆弾《ばくだん》を落としたい」って言って、トルーマンに解任されたのは、そのころだよねえ。

まあ、考え方にもよるけど、場合によっては、落としていれば戦争は終わったかもしれないんだけどねえ。

通常兵器だけで戦ったために、中国人民解放軍も、すごい人海《じんかい》戦術できたからねえ。ものすごい被害を出しながら、三十八度線で終わった。

中国とソ連との間に楔《くさび》を打ったアメリカ

蔡英文守護霊　こういう前提があってのことで、ソ連との冷戦がまだ続いてて、これはもう……。まあ、米中国交回復が一九七二年ぐらいだったかな?

里村　はい。一九七二年ですね（注。正式な米中国交正常化は一九七九年に成立）。

蔡英文守護霊　七二年ね。それから、ゴルバチョフによる改革で、旧ソ連が崩壊《ほうかい》していくのは、まあ、八九年から九一年にかけて崩壊していきましたよね。

里村　はい。

蔡英文守護霊　それまでの間は、日本も仮想敵国はソ連だったし、アメリカもそうだったので、「ソ連に対抗《たいこう》するために、中国を懐柔《かいじゅう》する」っていうことがあった。大きな国家戦略から見れば、「小さな台湾の領土権や、貿易等は無視しうる」という判断ね。

外交的な参謀《さんぼう》はキッシンジャーがやっていて、「忍者外交《にんじゃがいこう》」でやられたわけだけど。「実は、キッシンジャーは、かなり共産党のほうに食い込まれてた」ということは分かってるのでね。共産党のほうから、そうとうブレーンウォッシング（洗脳）をされてたということは分かってるし、その当時のアメリカ大統領の周りに、共産党系のスパイがそうとう入ってたことは、分かってるので。まあ、知っててやったかどうかは知らないけど、とりあえず中国のことを棚上《たなあ》げにして、ソ連との戦いに勝つことに全力を挙げた。

その当時は、中国がアメリカの敵になることなど考えてなかったからね。（中国は）もうずーっと小さかったからね。経済規模も小さくて、日本から見ても、ものすごく小さかったので。その当時の日本から見た中国っていうか、中国人一人のGDP（国内総生産）なんていうのは……。まあ、当時はGNP（国民総生産）だけど、たぶん、「日本人一人で、中国人百人分は稼《かせ》げる」ぐらい違《ちが》いがあったから、全然、問題にならないレベルだったんだと思うんだけども。

いちおう、「対ソ連」ということを考えれば、共産党同盟を結ばれるよりは、楔《くさび》を打ち込んだほうがいいので。幸いにして、中国とソ連の仲がちょっと悪くなってきてたんでねえ。まあ、「ここで一つ、楔を打ち込んでおいたほうがいい」「やっぱり、連帯されるのは、厳しい。両方を相手にして戦うとなったら困るから」ということで。それで、レーガンがソ連との冷戦で勝ったということね。

アメリカが感じた「日本が次の敵になるかもしれない」という恐怖《きょうふ》

蔡英文守護霊　そのあと、クリントン政権等が、中国にだいぶ入れ込みすぎて、発展させすぎた。

日本がすごく強くなってきてたから、警戒《けいかい》したところはそうとうあってねえ。ジャパンパッシング（日本通過）で、日本を警戒してた。日本がナンバーツーで、アメリカを呑《の》み込みかねない雰囲気《ふんいき》でねえ。

まあ、ソニーとかが、アメリカのタイムズスクエアに手を出したり、ピクチャーズを買ったりね。いろいろしてアメリカのシンボルみたいなのを買い始めたので。東京の土地でねえ、「丸《まる》の内《うち》の土地でアメリカ全土が買える」なんていうような、そういう時代に、やっぱり恐怖《きょうふ》があった。

一九七〇年代後半には、エズラ・ヴォーゲルが、（著作の）『ジャパン・アズ・ナンバーワン』を出してねえ。

里村　はい。

蔡英文守護霊　それが、けっこう「ワーッ」となって、日本の八〇年代の経済成長と、バブル期の支えになったけども、もうそのころは一つの境目になって、〝あれ〟したけどね。

まあ、そのへんはちょっと、「同盟国だけど、日本が次の敵になるかもしれない」っていう恐《おそ》れはアメリカ国内のほうも持ってたので、「中国のほうと関係を深くして、日本を牽制《けんせい》しよう」と、たぶん思ったのではないかと思う。

そして、日本を牽制し、「ソ連と（中国と）の仲にも、楔を打ち込む」っていう、国家戦略としては、たぶん、そういうふうに思ってたんだろうと思うので。

その時点の政治指導者たちは、そんな未来についてまで考えてはいなかったですし、経済規模や人口から見れば、それは、「中国本土のほうと国交がない状態から、国交がある状態にまでなる」っていうのはすごい大きなことでしょうよ、政治判断として。地球のなかでそれだけ大きな人口を持っていて、領土を持っている国との国交がないっていうのは、非常に大変なことですからねえ。

その意味で、まあ、「小の虫を殺して大の虫を助ける」ということをやったんだと思うし、日本も、アメリカがやったことに追随《ついずい》しましたよね。

里村　はい。

蔡英文守護霊　すぐ追随して、●田中《たなか》（角栄《かくえい》）さんのときかな？　追随しましたけどね。

そういう歴史の変化期はいろいろあって、小さいものは捨てられることがあるから、日本も、それは今、必死でしょ？

経済的に中国がガーッと行って、日本が引き離《はな》されて、小さくなったら、「米中貿易のほうが大きくなってきたから、中国のほうが大事だ」と、もし、次にヒラリーさんとかが言い出したら、日本はもう危機だよね。戦略的に危機になる。これは国家的危機になるねえ。「日米同盟を破棄してでも、中国との同盟を結んだほうが、経済的にも軍事的にも安全だ」っていうようなことにもしなったら、日本は台湾の

●田中角栄（1918～1993）　第64・65代内閣総理大臣。1972年、現職の総理大臣として北京を初めて訪問し、周恩来首相と数回にわたって会談。「日中国交正常化」を果たす。このときの日中共同声明に基づき、日本は中華民国（台湾）に断交を通告した。

二《に》の舞《まい》になるね。必ずね。
だから、ここで日本の政治指導者は、すごい大きな判断を持ってるよ。

5　日本と台湾《たいわん》は、中国の覇権《はけん》主義に　どう立ち向かうべきか

日本は「台湾《たいわん》を護《まも》る」という立場を堅持《けんじ》する必要がある

蔡英文守護霊　今、日本のなかで「米軍基地撤去《てっきょ》」とか「反対」とかをやって、左《さ》翼《よく》はけっこう強いですけど。あるいは、民主党政権もこの前あったけども、これがもし続いてたら、ねえ。

これ、オバマさんだってびっくりしたわけで、「日本の民主党っていうのは、昔の社会党だ。ソーシャリズム（社会主義）だ」と聞いて、オバマさんだってびっくりしたぐらいですから。「え？　社会党の、社会主義の国と、アメリカは同盟してたのか」みたいなことで、ちょっとびっくりしていたぐらいで。まあ、崩壊《ほうかい》したか

らいいけど。

今後の国家運営を間違《まちが》えて、左翼が強い新聞がいじるように、左翼政党が強く出てきたら、アメリカとの関係は壊《こわ》れて、中国との同盟を結ばれる。これは「最悪のシナリオ」ね、日本にとってはね。絶対最悪、避《さ》けなきゃいけない。

その意味では、やっぱり、中台、中国と台湾《たいわん》、これ、私が言うのはおかしいけれども、日本の立場に立ってみたら、中台は絶対に分割《ぶんかつ》しておく必要はあって、「台湾を護《まも》る」という立場を堅持《けんじ》しておくことが、中国とアメリカの同盟を結ばせないために、絶対、必要なことなんですよ。

台湾を日本が護り、日本をアメリカが護ってる状態が続いて、この連携《れんけい》が続いているかぎりは、「米中同盟で、あとは全部捨てる」っていうことは、なかなかできないことだと思うね。

廃墟《はいきょ》になった台湾《たいわん》を併合《へいごう》したところで、中国のメリットはない

綾織　中国の立場に立ってみると、二〇二一年で、共産党の立党から百年になりますが、このときまでに台湾《たいわん》を併合《へいごう》するというのを、内々には目標として掲《かか》げています。ちょうど、蔡さんが二期務められると、二〇二四年まで務められるということで、まさにこの時期に、蔡さんが台湾総統として台湾を引っ張っていくということになります。

二〇二〇年、二一年ぐらいまでに、中国が台湾に対して、軍事的に何か仕《し》掛《か》けてくる可能性が非常に高いわけなのですけれども、それに対して、どのように国の独立を護っていこうと考えていますか。

蔡英文守護霊　まあ、通常兵器で台湾を防衛するぐらいの力まではあるので。「(中国が) 軍事侵攻《しんこう》して、台湾を取る」ということのメリットとデメリットと両方ある

●共産党の立党　中国共産党は、1921年7月、各地の共産主義組織をまとめ、上《シャン》海《ハイ》にて中国共産党第一回全国代表大会を開催、結党されたとされる。

から。

もちろん、中国が本気になれば、それは取れないことはないだろうとは思うけども、台湾だって、軍隊は五十万人も持ってるし、ミサイルでハリネズミみたいに護ってる状況《じょうきょう》なので。台湾を攻《せ》めてくる航空機や艦船《かんせん》も、そうとう打撃《だげき》を受けると思うけれども、台湾からも繁栄《はんえい》している中国南部について、ミサイル攻撃は可能ですからね。向こうもタダでは済まない。

台湾を取るけども、自分らの南部も経済崩壊を起こしますからね。だから、ほぼ〝相討《あいう》ち〟状態になりますので、そういう、「廃墟《はいきょ》になった台湾を併合して、メリットがあるかどうか」っていう踏《ふ》み絵はあるわね。

核《かく》兵器を落としたところで、今度、台湾を取るメリットはなくなるわね。まったくなくなってしまいますから。援助《えんじょ》しなきゃいけない状態になるからね。

そういう意味で、「占領《せんりょう》させない」っていう気持ちを持ってることは大事だと思うね。

だから、おたく（日本）の沖縄《おきなわ》の指導者たちは、けっこう中国からも援助を受けたり、下からいっぱい手を回されてると思うから、気をつけないといけないですよ。本当に、（沖縄は中国の手に）落ちちゃいますよ。

里村　はい。

蔡英文守護霊　本当に、うん。

米中の「新しい冷戦」が始まっている

綾織　そのなかで、いちばん大きな要素としては、「アメリカがどう動くか」というところなのですけれども、一九九六年の台湾海峡《かいきょう》の危機●のときには、空母を出して牽制《けんせい》をしました。

●台湾海峡の危機　中国と台湾の間では、1950年代から90年代にかけて、軍事的緊張が高まる事件が四度起きた。ここでは、1995年から96年にかけて、中国によるミサイル試験の影響で起きた第三次台湾海峡危機を指す。

蔡英文守護霊　そう。だからね、クリントンさんのときでも空母は出したよね、いちおうね。

綾織　ただ、今の状況を見ると、その空母に対して、中国のほうから攻撃して直撃できるミサイル●が開発されたということです。

蔡英文守護霊　うん、そうだね。

綾織　また、アメリカの方針も、少し変わりました。アメリカの空母は、今、日本に来ているわけですけども、そういうものも、台湾海峡が危機になった場合は、いったん、グアムやハワイまで下がります。それで、じわじわと中国と戦っていくという方針を出そうとしており、情勢としては、かなり変わってきていると言われています。

●中国のミサイル　中国は、米空母を主要攻撃目標とする、DF－21D対艦弾道ミサイルの開発に成功したとされる。

蔡英文守護霊　それねえ、米中は、「新しい冷戦」が始まってはいるのよね。だから、中国軍が、コンピュータを使ってのデータジャックをやってることは、アメリカはもう突《つ》き止めていますから。

里村　ええ。

蔡英文守護霊　まずは「電子戦」がもう始まってる。「どの程度の攻撃をしたら、どの程度の被害《ひがい》が出て、アメリカを混乱させられるか」っていう、まず、そっちから始まってるね。

アメリカの兵器もほとんどコンピュータで全部、やれますからね。コンピュータによる指示をジャミング（電波妨害《ぼうがい》）して、混乱させることで、ミサイルも飛ばなくなるし、イージス艦も混乱するし、あと、宇宙ステーションも機能しないようにするっていう、高度な作戦を立ててはいますわねえ。

中国の「逆転して、優勢勝ちにしたい」という戦略

蔡英文守護霊　ただ、アメリカ側が本気になって、「全面戦争も辞《じ》さない」という、ケネディのような態度で臨《のぞ》んでくるんだったら、今の状態では、中国の北京《ペキン》政府も、戦争する気はなかろうと思う。

ただ、〝ジャブ〟を入れてるね。今、一生懸命《いっしょうけんめい》〝ジャブ〟を打って、その間に大きくしようとしてる。

体を大きく見せて、経済的に逆転したあたりで、もうちょっと、本性《ほんしょう》を出してくるね。今、第一段階の〝皮脱《ぬ》ぎ〟をしてるところで、第二段階は、経済的に超《こ》えたらもっと強く言うつもりでいるだろう。ただ、それは分かってる、アメリカもたぶんね。

だけど、日本はもう七十年以上前に、航空母艦をつくって、アメリカと機動部隊

決戦をやったところですので。中国は今、空母をやっとつくり始めて、ロシアから仕入れたりして、改造してやってるぐらいで、通常兵器での戦闘力《せんとうりょく》は、かなり低いですからね。

核戦争をするだけにしても、中国も何百発かは持ってますけど、アメリカもまだ、数千発、核兵器を持ってますのでね。まあ、本気で全弾《ぜんだん》撃《う》つようなバカな指導者は、今の日本や世界にはいないとは思いますよ。何かメリットがなければ、絶対できませんのでね。

まあ、オバマさんが、アメリカの核兵器を「ゼロ」にでもしてくれればメリットは大きいでしょうけど、そういうことはないので。本気になれば、それは撃ち合いますから。それはちょっと、最終的にはできないですから。

まあ、「じわじわと形勢を変えて、逆転して、優勢勝ちに持っていきたい。アメリカを譲歩《じょうほ》させていきたい」っていうのが（中国の）基本戦略ね。

だから、北朝鮮《きたちょうせん》についての六カ国協議等で、中国が主役になって北朝鮮を説得すると言ってるけど、今日（二月七日）みたいに弾道ミサイルを発射しても、中国は経済制裁を強める気はないようですから。あれは、ちゃんと知ってて（北朝鮮を）使ってると見るべきだと思いますね。

（中国が）国際社会に戻《もど》るためには、北朝鮮と仲が悪いように見せなきゃいけないけども、中国の防衛のためには、北朝鮮を「ならず者国家」として、〝飼い殺し〟というか、まだ〝飼っとかなきゃいけない〟ところがあって。「あれが何をするか分からないぞ」ということで、中国の存在感が強くなりますからね。

里村　はい。

蔡英文守護霊　やっぱり、韓国《かんこく》に脅《おど》しをかけるにも、日本に脅しをかけるにも、台湾に脅しをかけるにも、北朝鮮はまだまだ使えますから。「石油を送る」とか、「食糧を送る」とか言えば、関係はすぐよくなりますからね。

中国・アメリカ・日本で繰《く》り広げられる「情報戦」とは

大川裕太　先ほど、「(中国軍の戦いは) 電子戦の領域に入ってきている」という話もございましたけれども、中国共産党、人民解放軍の戦い方を見ていくと、一つ有名な本として、一九九九年ごろに、人民解放軍の、中堅ぐらいの将校の方が書かれた『超限戦《ちょうげんせん》』という本があります。

そのなかで書かれているのは、「通常兵器だとか、核兵器だとかいう戦い方は、もう実は、古いものになっていて、兵器はすごく高価になってきており、黄金の弾《たま》で鳥を撃つようなものになってきている」ということです。

そして、「中国はまず、先ほどお話に出たような、電子戦や、サイバーテロのようなものによって、金融《きんゆう》システムを崩壊させたり、あるいは、アメリカに、『九・一一』のテロ攻撃のようなものを仕掛けていき、『戦わずして勝つ』という『孫子《そんし》の兵法』にならった戦いを仕掛けていくことになるだろう」というふうに論じられています。

蔡英文守護霊　うん、うん、うん、うん。

大川裕太　私が、少し懸念《けねん》というか、不安に思うのが、蔡さんは、「非常に理性的な方である」と言われておりますし、法学者でいらっしゃるので、「法律上、このように行動すべきである」という考え方を中心に持たれたり、緻密《ちみつ》に論理を詰《つ》めて考えていかれるような方なのではないかな、と感じているのですが、『超限戦』で示されているような戦争の状態になったときには、チャーチルやケネディのような、豪胆《ごうたん》に決断がなせるタイプの人物でないと、もしかしたら、「中国共産党の術中にはまっていってしまうのではないか」というような懸念も少し、感じてはおります。そのあたりについて、お考えを伺えればと存じます。

蔡英文守護霊　まあ、それは、難しい相手は難しい相手ですよ。中国は何千年かの歴史があって、主として国内中心だけれども、戦争の経験は豊富だから、戦略・戦術はたくさん持ってるんでね。それで戦争についてはよく知ってますよ。まず、実戦で戦うより前に、「謀略戦《ぼうりゃくせん》、情報戦で相手を貶《おとし》める」というようなことをよくやりますのでね。

日本にもそうとう入ってるし、アメリカにも、ロビイストみたいな感じでいっぱい入ってやってるし、韓国なんかも使ってるでしょう。例えば、韓国の反日感情を上手に使って、日本を孤立《こりつ》させようとしたりしてるし、日米関係も悪くするようなことをやったりしてる。

そういうふうに、「兵器を使わない戦い」も当然やっているし、先ほど言ったように、「アメリカのシステム崩壊」を狙《ねら》っているのも、そうだと思いますよ。

ただ、アメリカもやり始めてますよ。アメリカも、中国が仮想敵国になるんだったら、中国経済が一本調子に上がろうとしてるのを崩壊させてやろうとして、今、考えてる。こっちもやりますよ。こっちも、中国経済の崩壊ぐらいさせられるところを見せてやろうとしてるから。今、これが水面下ではたぶん進んでると思いますよ。

だから、今、中国のＡＩＩＢ《エイアイアイビー》（アジアインフラ投資銀行）と環《かん》太平洋のＴＰＰ（環太平洋戦略的経済連携協定）との戦いが始まってるわけで、これは一種の合従《がっしょう》連衡《れんこう》の戦いですね。ＴＰＰが勝つか、ＡＩＩＢが勝つか。

まあ、ＡＩＩＢは負けると思いますよ。おそらく負ける。たぶん負ける。今なら勝てないね、まだね。

やはり、中国一国だけが拒否《きょひ》権を持ってるなんていう、そんな独裁的な投資銀行は、システムがなってない。そんなの（笑）、誰《だれ》もついていかなくなりますよ、もうすぐね。

中国の独裁を認めるような金融システムで世界をまとめるなんていうのはできない（笑）。絶対できない。アメリカと日本が入っていないこんなものは、絶対に信用できないから。元《げん》（中国の通貨単位）の信用はそこまで絶対に行かないと思うから。

これはお互《たが》いに、実弾による戦い以外の経済戦や心理戦、情報戦はそうとう行われてます。だから、日本が後《おく》れてるかどうかは分かりませんけど、やってる人はもう入ってると思うし。

まあ、あなたがたみたいに思想戦をやってる方も、これも大きい影響《えいきょう》だね。例えば、台湾にも影響してるし、中国にも影響は出てるし、アメリカにも影響は出てるね。

だから、私はねえ、あなたがた自身が思ってるよりも、幸福の科学や幸福実現党のやってる仕事は、すっごい大きな情報発信をしていると思う。中国南部や香港《ホンコン》、台湾、韓国、フィリピンやその他のところに、そうとう情報発信をしているので、影響は出てると見てますよ。これだって〝超限戦〟よ。そう思いますよ。

6 「日本は台湾《たいわん》を国家として認めるべき」

蔡英文氏守護霊が日本に望むこととは？

里村　今、「豪胆《ごうたん》なリーダーに求められる決断」という部分で、質問にお答えいただきました。

国際政治のなかでは、台湾《たいわん》とロシアの関係というのはあまり語られないのですけれども、ある意味で、そうした決断が早いタイプとして、ロシアのプーチン大統領がいます。

中国というものを挟《はさ》みつつ、ロシアとの関係はどのようにお考えになりますか。

蔡英文守護霊　うーん、まあ、台湾とロシアになると、なかなかそうずっとはいかないけども……。もし、日本とロシアがもう一段、経済交流等で活発になってくるようになれば、そのグループのなかに入ることはできると思ってますけどねえ。まあ、そういうふうに願ってます。

里村　「日本を介《かい》して」ということですね。

蔡英文守護霊　うーん、なんか日米同盟みたいな……、まあ、私は「日台《にったい》同盟」みたいなのができたらいいなと思ってるんですけどね。

いったん日本にも見切られましたけどね。アメリカと一緒《いっしょ》に日本にも捨てられて、中国に取られた。まあ、貿易額から見れば、中国本土のほうが大きいから、日本もなかなかそう簡単に切れないとは思うけどもね。

ただ、法律学者的にも考えれば、台湾を「国家」として承認していただいたほうが、防衛上はいいと思いますね、間違《まちが》いなく。

里村　それは非常に重要なご発言です。

蔡英文守護霊　できますから。それは、台湾を国家として、「二つの中国」を認めることを、日本の考え方として出せばいいだけのことですからね。

もちろん、北京《ペキン》政府は認めないでしょう。「一つの中国」っていうけど、何にも根拠《こんきょ》はないので。

まあ、外省人の国民党が台湾を支配しているなら、まだ言える〝あれ〟はあるけどね。根拠はないわけではなくて、同じ民族が支配してると言えば、それは言えるけれども。

ただ、民進党の政権下であれば、「二つの中国」と言って、多少は割っといてもいいんじゃないでしょうかね。

そうしたら、台湾は「独立国家」ということで、「台湾への侵攻《しんこう》は国際法上も許すまじきこと」ということになりますと、やっぱりいいですね。

日本が知るべき「台湾《たいわん》の戦略的重要さ」

里村　今のお話は、外交問題の専門家だと、空想事《くうそうごと》のようにして、今まで真剣《しんけん》に考えてきませんでした。

蔡総統の任期において、例えば、日本が台湾《たいわん》を独立国家として承認することは、私は十分ありえると思います。

今回の総統選の圧勝、あるいは立法院選挙の結果から見て、台湾の民意を反映したものとして、十分ありうるのではないかと思うのですが、実際に日本に対して、台湾の国家承認を求める、そして、国交正常化を考えられるということですか。そのような行動をされますか？

蔡英文守護霊　まあ、今、アメリカは、東シナ海の小さな島について、「中国の主権を認めない」とも言っているし、南沙《なんさ》諸島の飛行基地……、うーん、飛行場？

里村　はい、飛行場です。

蔡英文守護霊　その建設等も、かなり怒《おこ》ってますから、これは近いうちに地域紛争《ふんそう》が起きる可能性はあるし、アメリカに血の気《け》の多い方がいれば、攻撃《こうげき》する可能性もあると思う。

まあ、「航行の自由」を求めて船を走らせてみたりしてますけど、アメリカとしては、やや姑息《こそく》な動きで、本当はもうちょっと大胆《だいたん》にやらないといけないと思うけど、そういう状態になってくれば、台湾を護《まも》るということにも正当性は出てくる。

また、さっきも言いましたけれども、日本の外交戦略の基本には何が出てるかっていうと、「日米同盟」が一つと、もう一つは、「アラビア半島からの石油のシーレーンを護るにはどうしたらいいか」っていう、この二つなんですよ。日本の繁栄《はんえい》の基礎《きそ》は、「日米同盟」と「アラビア半島からの石油が入ってくるシーレーンを護ること」なんです。石油が前回の戦争の原因にもなりましたからね。

里村　はい。

蔡英文守護霊　だから、このシーレーンでの、「台湾の戦略的重要さ」っていうのは、日本のなかで、ごく一部の保守の人しか分からない。亡《な》くなられた岡崎《おかざき》（久《ひさ》彦《ひこ》）さんとかは主張されてたと思うけれども、大川隆法先生がかなり早い段階でこれの重要さに気がついておられたから。

台湾という島の人口と、その貿易額だけが問題ではないんであって、台湾という国が独立して、自由主義陣営《じんえい》に属しているということにより、このシーレーンのところは、北京政府が完全には押《お》さえ切れないんだということです。

今、（中国は）「一帯一路《いったいいちろ》」構想っていって、「海のシルクロードをつくる」と言

●「一帯一路」構想　2014年に、習近平中国国家主席が提唱した経済圏構想。「一帯」とは、中国から中央アジア、西アジアに繋がる地域を、「一路」とは、中国から南シナ海、インド洋、アラビア海を経て地中海に至る海上交通路を指し、「陸と海のシルクロード構想」とも呼ばれる。

ってる。これは恐《おそ》ろしい侵略主義ですよ。

それは、中国にとっては都合《つごう》がいいけどね（苦笑）。陸地のシルクロードが海にできちゃったら、中国本土にとってはいいことでしょうけど。ただ、日本にとっては、たまらないでしょうねえ。

それで、オーストラリアのほうまで押さえられたら、あとはどこから（石油が）入るんですか？　アメリカから、また買わなきゃいけないことになるかもしれませんけどねえ。

石油が出るところはイスラム圏《けん》ですから、将来的に、中国の共産主義、唯物論《ゆいぶつろん》国家とイスラム圏とが合体するという戦略は、当然考えるでしょうからね。

そうなってくると、そちらのほうが数が多くなってくる可能性はありますから、おそらく、「対台湾政策」と「対インド政策」は、これからの日本にとってはすごく重要ですね。

中国の〝日本殺し作戦〟は、とっくに始まっている

綾織　外交評論家の岡崎久彦先生は、まさに、「安保《あんぽ》法制の次は台湾だ」というようにおっしゃっていました。

蔡英文守護霊　そう。そうです。

綾織　ですから、おそらく、その点については、安倍《あべ》首相にも、ある意味で遺言《ゆいごん》としてお話をされていると思います。

ともあれ、報道によると、蔡総統は、日本に来られたときに、東京で安倍さんとも会われたのではないかと言われていますけれども、安倍さんご本人に対しては何を期待されますでしょうか。

蔡英文守護霊　うーん……。やっぱり、「あまり自虐《じぎゃく》史観のほうに戻《もど》っていかないでほしいな」という気はしますね。

まあ、それは日本の左翼《さよく》の動きがあるから、その取り込《こ》みのために、ちょっと左を包摂《ほうせつ》する方向に動きがちだし、「従軍慰安婦《じゅうぐんいあんふ》」とか「南京《ナンキン》大虐殺」とか、いろいろ認めたりする方向に行ったほうが票が取れると思って動きがちで、マスコミをなだめるのにもいいと思ってやってると思いますけど、やっぱり、毅然《きぜん》とした態度を取って、理念を通すことが大事なんじゃないですかねえ。

里村　ああ……。

綾織　はい。

蔡英文守護霊　そうなんです。次は「台湾」なんですよ。台湾が取られたら、日本は本当に……。もう本当に〝日本殺し作戦〟が、とっくに始まってるんですよ。

例えば、原発反対運動を起こされてるでしょう？　原発反対運動を起こされて、沖縄《おきなわ》からの米軍基地追い出し運動をやられて、さらには、シーレーンのほうを切られようとしてるわけですから。

だから、石油を止《と》められて、原子力を止められて、そして米軍を追い出されて、丸裸《まるはだか》にされようとしてるんですよ、日本は。これと戦わなきゃいけないわけです。

もう日本の左翼勢力のなかには、中国の飼い犬みたいなのがたくさん入っているので、これは、やっぱり引っ繰《く》り返さなきゃいけないわけで、「思想戦」が絶対、必要なんです。

幸福の科学は「保守政権への援護射撃《えんごしゃげき》」をやめてはいけない

蔡英文守護霊　ただ、そうは言っても、あなたがたは、まだ政治的には十分に力を持っていないかもしれないけれども、少なくとも、保守の側の政権が、政権を維持《いじ》するための、敵の攻撃《こうげき》を受けないための、〝銃弾《じゅうだん》による煙幕《えんまく》〟は間違いなく張ってるわね、あなたがた。

これは大きな力だと思うから。まあ、安倍さんも、ちょっと（あなたがたに）嫌《きら》われつつあるような感じは受けるけれども、やはり、「基本的な路線については、援護《えんご》射撃はしないともたない。日本がもたなくなる」とは思ってますよ。

里村　それは、蔡総統のほうからの援護射撃ということですか。

蔡英文守護霊　いや、いや、いや、あなたがたのね。

里村　ああ、私たちのですね？

蔡英文守護霊　幸福の科学や幸福実現党は、やっぱり、援護射撃をやめてはいけないと……。

里村　ああ、「そうでないと日本がもたない」ということですね？

蔡英文守護霊　うん、うん、うん、うん。もたない、もたないよ。孤立《こりつ》させすぎるとね。

例えば、去年は、憲法学者の九十数パーセントが、「安倍政権は憲法違反《いはん》」っていうか、「立憲主義に違反して独裁者みたいになってきた」っていうように言ってたし、「自衛隊だって憲法に違反してる」って言う憲法学者が、七十パーセントはいるわけでしょう？

ただ、法律も大事だけれども、（安倍首相は）改憲勢力をつくりたくてやっているわけです。しかし、それによって「（安倍首相が）独裁者に見えてくる」ということで、左に寄る勢力が増えてくるし、マスコミもそうなってくるからね。

これに対して、なぜか、あなたがたは、宗教と宗教政党だけど、「憲法論」にまで入って、確かやっているはずです。

里村　はい。

蔡英文守護霊　それは、すごく大事なことだと思いますよ。

7　中国の脅威《きょうい》に対抗《たいこう》するには

日本が中国共産党軍を追い詰《つ》めたのは「正しい行為《こうい》」だった

里村　先ほどもお話があった、「日本の独立と自由を護《まも》るためにも、米中を接近させすぎてはいけない。その意味で、日本が台湾《たいわん》を護る姿勢を示すことが、日本の安全保障上、非常に重要だ」という論点というのは、今まで、もちろん日本の政治家もそうですし、台湾からもあまり発信されてこなかったのではないかという感じもするのですが、今後、そうした方向での発信が出てくるのでしょうか。

蔡英文守護霊　例えば、香港《ホンコン》などもね、イギリスから返還《へんかん》されるに当たって、「もう、どうしようもないだろうな」と思ったし、「五十年は、まだ体制を維持《いじ》できる」

と思ってたのが、案《あん》の定《じょう》、もう駄目《だめ》になってきました。

里村　はい、そうです。十年でそうです。

蔡英文守護霊　それを見て、台湾だって同じになるのは、もう分かっていますから。「北京《ペキン》政府の意向でどうにでもなる」っていうか、「総統（選）だって、もう知事選みたいな感じになるんだろう」ということぐらいは分かりますからねえ。北京の意向によって変えられるようになるから。

だから、私らは独立軍に当たるわけでしてね。でも、もちろん、私たちの味方は日本だけではなくて、これから彼らが侵攻《しんこう》するであろうフィリピンとかベトナムの人たちも味方だからねえ。

まあ、これは、「大東亜共栄圏《だいとうあきょうえいけん》」の復活ですよ。もう一回、みんなで護らなきゃいけないので。先の戦争のとき、「日本が毛沢東《もうたくとう》らの共産党軍を攻《せ》めておった」っていうのは正しい行為《こうい》なんですよ。もう本当は、徹底《てってい》的に殲滅《せんめつ》しとけばよかったんです。逃《に》がしたのが間違《まちが》いなんですよ。あれを西に逃がして、息の根が止められなかったのが失敗でした。

それに、アメリカは、その中国を助けようとしたところが失敗なので、その反省をきちんとしていただきたいんです。あそこで中国共産党の息の根を止めておいてくれれば、戦後、こんなふうにならなかったんでね。「(アメリカは) 歴史を書き違えた」と思いますねえ。

だから、日本は正しかった。アジアの植民地解放戦争だけが正しかったんじゃなくて、中国共産党軍を追い詰《つ》めていたところも正しかったのよ。これは、やっぱり徹底的に潰《つぶ》しておくべきだったんだ。毛沢東は、本当は中国西部で死んでなきゃいけないのよ。

里村　最近の研究でも、「毛沢東は、何とか日本軍に攻撃《こうげき》されないように、必死でスパイ行為までして、日本にすり寄ろうとしていた」ということが明らかになっています。

蔡英文守護霊　(毛沢東は)洞窟《どうくつ》から洞窟へと、逃げて、逃げて、逃げて、逃げて、それで、実は悪いことばっかりして……。

あれは、今ねえ、テロリストなんか批判する資格はないですよ。もう〝テロリストの親玉〟ですよ。本当に裏から糸を引いて、悪いことをたくさんしてるから。

米軍が退《ひ》いたら「新大東亜共栄圏《だいとうあきょうえいけん》」をつくらなくては駄目《だめ》

綾織　先ほど、「国民党側は、『蔡政権になったら、戦争の危機になる』というように言うだろう」というお話がありましたが、台湾の方の立場、国民の立場に立ったときに、やはり、「中国との関係がかなり悪くなるのではないか」という部分は、懸念《けねん》材料としてあるだろうと思います。蔡さんは中国と、「それなりの対話を続けていく」というように考えていらっしゃるのでしょうか。

蔡英文守護霊　まあ、関係は難しいけどねえ。日本が、北京や韓国《かんこく》との関係を修復するのでも難しいからね。（日本は韓国に）あんな心にもないことを言って、十億円を出して、従軍慰安婦《じゅうぐんいあんふ》の救済をするだとか、あんなことをしてみたりして、パフォーマンスしなきゃ（韓国の大統領と）会えないようになっているから、ちょっと情けないとは思うけども。

まあ、少なくとも台湾を護る姿勢を持たないと、沖縄《おきなわ》は落ちる……よ。沖縄は落ちるからねえ。それは知っといたほうがいいと思うよ。

それに、米軍の退潮は必ず来ますから。今の北朝鮮《きたちょうせん》のミサイルのあれ……から見りゃあ、「米軍がグアムに行こうがハワイに行こうが攻撃できるぞ」という挑戦状《ちょうせんじょう》ですからねえ。これで何もできない米軍であれば、それは、もう次は西海岸まで退《ひ》いていきますよ。そうなりますから。

綾織　もうそのように、「アメリカが戦えない状態になる」というのは、予測されているのでしょうか。

蔡英文守護霊　うん、もうそうなっていきますから。西海岸まで退いていったら、中国の海ですわね。太平洋も、それから、インド洋もね。

綾織　まさにそうなったら、日本やベトナム、フィリピンが力になるかどうかは分かりませんが（苦笑）、オーストラリアなども含《ふく》めて、ここで戦わなければならないということになりますよね？

蔡英文守護霊　そう、そう。「新大東亜共栄圏《だいとうあきょうえいけん》」をつくらなきゃ駄目《だめ》ねえ。それで、（中国の）「一帯一路《いったいいちろ》」構想を破るためには、やっぱり、台湾とスリランカ、インドあたりにしっかりと楔《くさび》を打ち込《こ》んで、さらに、フィリピンに対して、しっかり国策で応援《おうえん》しておかないといけないでしょう。挟《はさ》み撃《う》ちですね。

それから、ベトナムは共産党政権になってたんだけれども、これも、もう間違いに気づいてきてはいますから。中国に取られたくはないからねえ。まあ、(中国は)「昔、取ったことがある」って、また言うんでしょうから。「昔、中国固有の領土だった」って、また言い始めるから。たまったもんじゃないですからねえ。これは、もう清算すべきですよね。

だから、このへんについては、やっぱり、自由主義圏のほうの考え方をもう少し広げていかないと……。これは、大きな戦いだと思いますねえ。

国を護《まも》るためには「核《かく》武装」や「核エネルギーの推進」も必要?

大川裕太　本日の収録に先立ちまして、当会の大川真輝《まさき》専務(大川隆法次男)のほうからも少し関心を持たれていたことなのですが、蔡さんのご出身の民進党という党は、実はストレートな保守ではなくて、国民党のほうが、もともとは保守なんですよね。共産党に対抗《たいこう》する意味もあって、国民党のほうがもともとは保守の本流であったかと思います。

蔡英文守護霊　ああ、うん、うん。まあ、そういうところもありますね。

大川裕太　そして、蔡さんの民進党の支持基盤《きばん》の一つに入っている、「時代力量《じだいりきりょう》」という勢力は、香港の「雨傘革命《あまがさ》」の流れも受けつつ、「反原発」や、「環境《かんきょう》問題への配慮《はいりょ》」などを中心とする、左翼《さよく》勢力であるかとも思います。

先ほど、日本の原発問題への言及《げんきゅう》もございましたが、こういった、支持基盤に含まれている左翼勢力に対するお考えをお聞かせいただければ、ありがたいと思います。

蔡英文守護霊　うん。それは、まあ、政治は票を集めなきゃいけないので、難しいところはあるんですけどねえ（笑）。

ただ、今、北朝鮮の挑発によってね、「韓国も核《かく》武装をしようか」っていう声が、もう五十数パーセント以上になってきていますから。もし韓国に核兵器ができたら、日本はどうなりますか。台湾はどうなりますか。やっぱり、取り残されたところは、けっこう危険にはなりますわねえ。

だから、やっぱり、そうとう強硬《きょうこう》な考え方を持ってる人がいないと、これはいけないわねえ。政治っていうのは、状況《じょうきょう》によって動くからねえ。韓国が核武装したら、日本だって、それはたまらないでしょうね。もうたまらないと思うねえ。

それに、アメリカだって、「日本は（核武装）するな」と、もう言えなくなるでしょう。韓国がするようになったらね。

まあ、そういうこともあるので、核に対する感じは、いろいろ……。それは、自分たちを攻撃するものがないほうがいいから、「その元になるものを断《た》つ」という意味では、「反核」という考えもあることはあります。ただ、まだこれは、時代の潮流のなかではフローティング（浮動《ふどう》）してますね。

だから、分からないところがあるので、国を護《まも》るためだったら、やっぱり考え方はいくらでも変えなきゃいけない。それに、台湾だって、シーレーンが全部押《お》さえられて、もうアラビア半島まで中国の支配下に入ってしまうんだったら、「核エネルギーの推進」だって、当然、考えなきゃいけないですよね。それは分からない。石油が入ってこないんじゃね。タンカーで輸送しても、中国にすぐ拿捕《だほ》されたら、これは、もう一滴《いってき》も入ってこなくなりますからね。そうでしょう？ それは危ないですからね。

もちろん、アメリカからも、シェールオイルか何か、運べるかもしらんけども、フィリピンの近くまでタンカーが来たときに、沈《しず》められたらねえ……。もう「ミサイルを撃ち込まれるわ、潜水艦《せんすいかん》から撃たれるわして、寄ってこれない」となったら、これは、もう先の日本軍みたいになっちゃいますからね。分からないですよね。

だから、中国が、モンゴルの石炭だとか、オーストラリアの石炭だとか、鉄鉱石だとか、こんなのに頼《たよ》っている今のうちは、まだ後《おく》れてるからいいけどね。だけど、「石炭なんか、もう要《い》らない。効率が悪いし、PM2・5で真っ黒けになるので、もうそろそろやめなきゃいけない」って言ってるから、当然ながら、あちらは、「石油」と「天然ガス」、それから、「核エネルギー」のほうにシフトしてきますからね。

そういうことであれば、少し「エネルギー防衛」についても、考えなきゃいけないところはありますよね。

里村　なるほど。

「日本とアメリカに、台湾《たいわん》を再度、国家として認めてほしい」

里村　今回の選挙戦においては、いろいろな層の取り込みということを考えられて、例えば、あまり台湾《たいわん》独立論的な色合いのことを述べるのは避《さ》けられていましたし、実際に、選挙結果から言って、いろいろな取り込みにも成功されたと思います。

ただ、今後は、非常にフローティング状態である現状を見ながら、やはり、現実主義で対処していかれるということですね？

蔡英文守護霊　それは、まあ、台湾企業《きぎょう》だって、やっぱり、中国内に工場を持ってたり、事務所を持ってたり、取引はずいぶん多いですからね。

だから、実際に、中国本土と貿易ができなくなるようなことになったら、それは、ちょっと経済的打撃が大きいからねえ。そのへんのところも配慮しなきゃいけないから、極端《きょくたん》なことは言えないし、中立的なことを言いながら、やっぱり、じわじわと独自色を出していくっていう方向で、諸外国を巻き込んでいかなきゃいけませんのでね。

台湾独自でできないところがあって、台湾だけで独走すれば、きっと中国側は、完全に〝干《ほ》し〟にかかってくるからね。また、やるでしょうから、ほかの国との連《れん》携《けい》を強めなければいけないので、私は、日本とアメリカに、ぜひ台湾を「国家」として、もう一回、認めてほしいな。

8　台湾《たいわん》と日本の霊的《れいてき》な関係

今回の「台湾《たいわん》の大地震《おおじしん》」の原因をどう考えているのか

大川裕太　本日の収録が入るきっかけともなりました今回の地震《じしん》についても、お話をお聞きしたいのですが、実は、この地震について考えたときに、「昔も似たようなことがあったな」と思ったのですが、確か、李登輝《りとうき》政権の最後のころの、一九九九年九月二十一日に、「台湾大地震《たいわんおおじしん》」が起きていたかと思います。この地震では、二千四百人ぐらいの方が亡《な》くなられていたかと思います。

李登輝政権は、確か二〇〇〇年の前半ごろに終わったと思いますけれども、李登輝政権の最後のあたりで、この大地震が起きているのです。

そして、今回、まだ馬《ば》総統が残っていらっしゃる時期ではございますが、蔡さんに代わるところで地震が起きています。
現在は、それほど多くの死者は報告はされていないのですが、もしこれが、先日の桜島《さくらじま》の噴火《ふんか》から繋《つな》がる、日本神道《しんとう》系の神のご意図なのか、あるいは、「中国の神」なるものが、台湾に対して怒《おこ》って地震を起こしたものなのか、あるいは、「台湾霊《れい》界《かい》」というものが存在するのか、もしくは、アメリカや中国の地震兵器であったりするのか、このあたりに関しまして、守護霊様が、天上界《てんじょうかい》からご覧になって、お考えがありましたら、お聞かせいただければありがたいです。

蔡英文守護霊　うーん、ちょっと大きな枠《わく》での考えだから、もうひとつ、完全に分かりかねるところはあるんですけれども、うーん……（約五秒間の沈黙《ちんもく》）。
日本の神様がたが少し怒ってる感じは、受けますね。何か怒ってらっしゃるような感じは受けるし、「沖縄《おきなわ》だけじゃなくて、台湾だって日本だ」と言ってるような声も、ちょっと聞こえなくもないので……。

まあ、台湾は、日本が発展させた国ですからねえ。

「日本の『朝鮮《ちょうせん》半島』や『満州国《まんしゅうこく》』への統治は正当なものだった」

蔡英文守護霊　また、（日本の神様は）韓国《かんこく》に対してだって腹を立てているように思いますし。

だから、韓国の大統領の、独裁制みたいな、なよなよしながら、あっちくっつき、こっちくっつきしながらやってる指導力のなさや、今の狂気《きょうき》の北朝鮮《きたちょうせん》なんかの状態を見たら、やっぱり、「日本がヨーロッパに頼《たの》まれて、朝鮮半島や満州国《まんしゅうこく》を指導してた」っていうのは本当に正しかったんじゃないですかねえ（笑）。

いや、あれは駄目《だめ》ですよ。あの国は要《い》らなかったね、もう本当に。ああいうこんにゃくみたいな国は要らなかった。満州のところまで日本が押《お》さえておいたほうが、中国は出られなくて、本当によかった。本当によかったのにねえ。

だから、アメリカは、本当に間違《まちが》えたことを、一回、反省しなきゃいけないね。

北朝鮮なんていうのは、こんなもの、本当に、日本が負けたおかげでできたような国ですからねえ。もうあれで、マッカーサーも〝真っ青《まっさお》〟になったんでしょうから。「こんな国だったのか。これは日本が押さえたいところだろうし、満州まで取ってた理由も、これで分かった」というようなところでしょうね。満州を押さえておかないと、ソ連に対しても、中国に対しても、牽制《けんせい》が利《き》かないことが、やっとマッカーサーも分かったんじゃないかと思いますから。

だから、アメリカも、きちんと反省すべきところはしたほうがいいですよ。おかげで、戦後の問題をたくさんつくり出したんですから。

それで、次はアメリカの〝胃ガン〟みたいになっちゃった、もうあの国（北朝鮮）は駄目よ。もう北朝鮮は、本当に、誰《だれ》かどうにか潰《つぶ》さなきゃ駄目よ。

台湾霊界《たいわんれいかい》と日本霊界の繋《つな》がり

綾織　先ほど、台湾《たいわん》の霊界《れいかい》の話が出ましたけれども、「台湾の神様」というのは存在するんでしょうか。

大川裕太　今日の収録に先立ちまして、（大川）真輝《まさき》専務から、今の台湾の事実上の元《もと》を建てた蔣介石《しょうかいせき》という方がいますが、この方が天国と地獄《じごく》のどちらに行かれているのかを伺《うかが》いたいという話がありました。

また、李登輝元総統の守護霊霊言《れいげん》は当会でも出させていただいたのですが（『日本よ、国家たれ！　元台湾総統　李登輝守護霊　魂《たましい》のメッセージ』〔幸福の科学出版刊〕参照）、実は、そのなかで、「クロムウェルという、イギリスの発展の源流にある方が、李登輝先生として台湾に生まれ変わっていらっしゃった」ということでした。

蔡英文守護霊　うーん。

大川裕太　こういう偉大《いだい》な方が台湾にお生まれになったということは、「これから

●蔣介石（1887～1975）　中華民国初代総統。孫文に師事。中国国民党指導者として反共政策を推進。第二次大戦後、毛沢東の共産党軍に敗れ、台湾に逃れた。

台湾を日本に近づけて発展・繁栄《はんえい》させていこう」という、天上界のご意志があるということなのでしょうか。

あるいは、中華民国建国の父として、孫文《そんぶん》という方もいらっしゃいましたが（『孫文のスピリチュアル・メッセージ』〔幸福の科学出版刊〕参照）、孫文様は今、台湾と、中国共産党・北京《ペキン》政府の、どちらを応援《おうえん》されているのでしょうか。

蔡英文守護霊　うーん。

大川裕太　こういった点や、蔡さんご自身の天上界から見た人生計画等も含めまして、台湾の霊界事情をお聞かせいただければありがたいです。

蔡英文守護霊　孫文はねえ、基本的に、中国民主化、本土のほうの民主化を考えてると思います。

●孫文（1866 ～ 1925）　中国の革命家・思想家。日本などに亡命しながら清朝打倒を指導し、1911 年に辛亥革命が起こると、中華民国の初代臨時大総統となる。その後も国民党などの指導者として活動し、民族主義・民権主義・民生主義からなる「三民主義」を唱えながら、死の直前まで革命運動を続けた。

まあ、台湾かどうかということは別にして、台湾的な考え方が中国全土に行くことを考えてるし、香港《ホンコン》のもとの繁栄のほうが中国全土に広がることを望んでいますので、今の北京政府の考え方には賛成でないと思いますね。

里村　うーん。

蔡英文守護霊　偉大な方ではあろうと思います。

里村　うん。

蔡英文守護霊　それから、「台湾にも偉《えら》い人がいたか」っていうことですが、まあ、ときどきいたとは思います。

また、鄭成功《ていせいこう》っていう方も、台湾で神様になってますけど、この方は、日本出身

●鄭成功（1624～1662）　中国明代の軍人、政治家。中国人の父と日本人の母のもとに生まれる。父と共に明朝復興運動に参加し、台湾に渡って鄭氏政権の祖となった。台湾・中国では民族的英雄として尊敬されている。

ですよね？

里村　はい。日本人の血が入ってます。

蔡英文守護霊　だから、日本と混ざってるところはありますよね。日本霊界からも支援は受けているし、日本の偉い人たちも、だいぶ台湾に来られてましたから、そういう方々は天上界に還られても、引き続いて台湾の指導はなされていらっしゃいますねえ。

確か、有名な方々がいらっしゃいましたよね。

綾織　●児玉源太郎《こだまげんたろう》さんとか●後藤新平《ごとうしんぺい》さんとかですね。

蔡英文守護霊　そう、そう、そう、そう。そういう方々は、引き続き台湾のほうも

●児玉源太郎（1852 ～ 1906）　日本の軍人、政治家。第４代台湾総督を務め、後藤新平と共に台湾の統治体制を確立。日露戦争では満州軍総参謀長を務め、旅順攻囲戦において功績をあげ、勝利に貢献した。

見ておられるところがあるから、台湾霊界は中国語だけで成り立ってないですね。日本語は、〝公用語〟として通用してますね。

大川裕太　そうですか。

日本人として生まれた前世《ぜんせ》を明かす

里村　ああ、そういう関係から、蔡さんの守護霊様も、日本語がご堪能《たんのう》でいらっしゃるんですか。

蔡英文守護霊　いや、私、日本人だもん。うん、うん。

綾織　あ、そうですか。

●後藤新平（1857～1929）　医師・官僚・政治家。児玉源太郎のもとで台湾総督府民政長官を務め、綿密な現地調査に基づく経済計画策定やインフラ整備を行う。関東大震災直後の内閣では、内務大臣兼帝都復興院総裁として、震災復興計画の立案に当たった。

里村　私は先ほどから、何となく感じているのですが、特に天変地異に関するお話をされたときに、「明治のころに日本に降りた方かな」というようなことを……。

蔡英文守護霊　うーん、明治になるのかなあ。まあ、明治だねえ。確かに明治かな。うん、明治、明治。

里村　それは、江戸《えど》に近いほう、要するに幕末という……。

蔡英文守護霊　いやあ、名前を知られたのは明治期かな。

里村　名前を知られたのは明治期？

蔡英文守護霊　うん。

里村　ぜひ、これからの台湾と日本との関係のためにも、お名前をお聞かせいただけないでしょうか。

蔡英文守護霊　ああ、「東洋のルソー」っていわれた人。知ってる？　あなた方の教養試験だ。

里村　はい。中江《なかえ》……。

綾織　中江兆民《ちょうみん》。

里村　ええ。

蔡英文守護霊　ああ、ああ、よく知ってるね。さすがだね。

綾織　そうですかあ……。

蔡英文守護霊　うん。「民約論」（『民約訳解《やくかい》』。ルソーの『社会契約論《けいやくろん》』の翻訳《ほんやく》）を書いた人ね。

綾織　幸福の科学のなかでは、「如来《にょらい》」あたりではと予想されているのですが……。

蔡英文守護霊　いやあ、そういうふうに言ってくれても構わない。うれしいな。そうだったらうれしい。

綾織　そうですか（笑）。

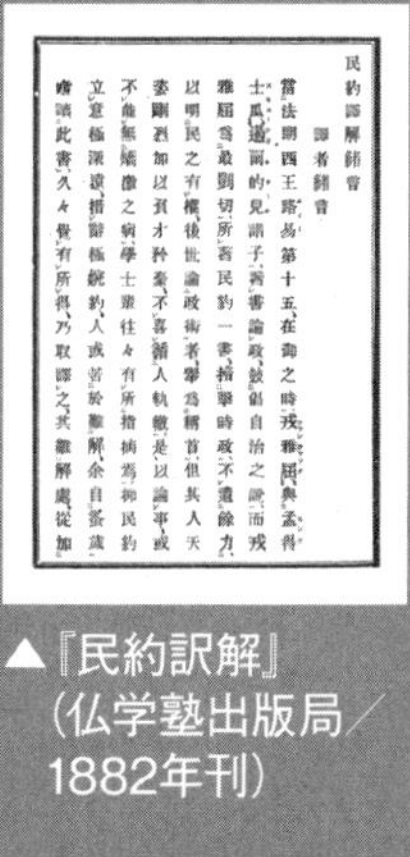

民約譯解緒言

譯者緒言

昔法朗西王路易第十五在御之時戎雅屈與孟得
士瓜通留的兒諸子著書論政鼓倡自治之說而戎
雅屈爲最剴切所著民約一書指擊時政不遺餘力
以明民之有權後世論政術者擧爲稱首但其人天
姿剛烈加以負才矜奇不喜循人軌轍是以論事或
不免無矯激之病學士輩往々有所指摘焉抑民約
立意極深遠措辭極[illegible]約人或苦於難解余自弱歳
嘗讀此書久々覺有所得乃取譯之其難解處從加

▲『民約訳解』（仏学塾出版局／1882年刊）

中江兆民（1847 ～ 1901）

思想家、ジャーナリスト、政治家。土佐藩出身。藩校・文武《ぶんぶ》館で漢学を学び、さらに長崎や江戸で外国語を学ぶ。兵庫開港の際にはフランス外交団の通訳を務めた。維新後は岩倉使節団と共に渡欧し、フランスで学ぶ。帰国後、仏学塾《ふつがくじゅく》を開く。その後、「東洋自由新聞」を創刊。さらに、フランスの思想家ルソーの『社会契約論』の翻訳・解説書として『民約訳解《みんやくやくかい》』を刊行。日本の自由民権運動の理論的指導者となった。他の著作に『三酔人経綸問答《さんすいじんけいりんもんどう》』『一年有半《いちねんゆうはん》』等がある。

大川裕太　ああ……、すごい。

蔡英文守護霊　まあ、「翻訳だけで如来」っていうのは、ちょっと怪《あや》しいけどね。〝バブル〟如来かもしれないけども。まあ、ちょっと行きすぎてるかもしらんけど、台湾ぐらいまで持ってくりゃ、如来になるかもしれないね。

大川裕太　なるほど。

里村　でも、確か、龍馬《りょうま》先生が、中江さんに、「煙草《たばこ》買ってきて」って言ったみたいな（笑）、お付き合いというか……。

蔡英文守護霊　お付き合いはありますよ。日本の明治維新《いしん》の志士たちとお付き合いはあります。明治をつくった人たちが、いっぱい出てるじゃないですか。みんな、付き合いはありますよ。だから日本語が通じるんだって、台湾霊界は。

大川裕太　そうですか……。

蔡英文守護霊　だから、前世《ぜんせ》が日本人ね。

里村　ああ、そうですか。理念的な部分、理想の部分と同時に、現実主義とのバランスが非常に素晴《すば》らしいと感じています。

蔡英文守護霊　ありがとう。ありがとう。あんたの頭がいいだけ。

里村　いえいえ、とんでもないです。たぶん、中江兆民先生ぐらいのお仕事をされるのであれば、ほかにも歴史上に名前が遺《のこ》っているのではないかと思います。例えば、李登輝先生と同じくヨーロッパのほうだとか、もしかしたら、ローマで何かあるんじゃないかという感じもするんですけども、教えていただけないでしょうか。

蔡英文守護霊　もう、いいよ。あんまり、そんなに、ねえ？（過去世《かこぜ》の名前は）そんなにたくさん要らないよ（笑）。

里村　はい（笑）。

蔡英文守護霊　もういい、もういい、もういい。まだ、これから仕事を始めるところだから、もういいけど。

綾織　そうですか。

9　アジアと世界の平和を実現するために

「日米と力を合わせて、二十一世紀の大きな問題を解決したい」

蔡英文守護霊　まあ、いろいろ解放しなきゃいけないところが、いっぱいあったでしょう？　インドも解放しなきゃいけなかったし、南アフリカも解放しなきゃいけなかったし、要所要所ねえ。まあ、アメリカでは黒人解放しなきゃいけなかったし、そういうのもあるけども。

ただ、台湾《たいわん》は小さいかもしれないけども、台湾は殲滅《せんめつ》されてしまってはいけないのであって、やっぱり台湾に自由と民主主義を立ち上げていきたいとは思っているし。

それを踏《ふ》み止《とど》まることで、やっぱり、北京《ペキン》政府ですね。経済のほうは西洋型のがだいぶ入ってはいるんだけど、政治のほうが頑強《がんきょう》に頑張っているから、これを何とか、今の習近平《しゅうきんぺい》さんで終わりにしたいなとも思っているので。

里村　ええ。

蔡英文守護霊　まあ、私一人の力ではどうにもなりませんから、日本の首相や、次のアメリカの大統領なんかとも力を合わせて、北京の体制を……、もちろん北朝鮮《きたちょうせん》も、もう許すことはできませんが、変えていきたいなと思います。

このあたりを変えないと、二十一世紀全体にわたる大きな問題として残り続けますから。これは、二十一世紀初頭《しょとう》で私たちが頑張らなければいけないことだと思いますね。

里村　まあ、私としては、ちょっと地震《じしん》との絡《から》みで気になったことがあります。

この間、馬英九《ばえいきゅう》総統が、わざわざ政権末期になって、中国が領有権を主張している南シナ海の地域に行って、アメリカとベトナムから非常に非難の声を受けました。

蔡英文守護霊　うん。

里村　このへんは、今日、全般《ぜんぱん》お話しして、蔡さんの守護霊様のお考えとは、まったく真逆のことのように思いました。

蔡英文守護霊　うん、そうねえ。

里村　非常に怒《いか》りも感じられるんではないかと思うんですけど、いかがですか。

蔡英文守護霊　うーん、総統は、北京に亡命できるように下準備してるんでしょう、たぶん。まあ、逃《に》げれるように、ゴマをすってるんじゃないですか。

里村　まさに、この間、馬総統は、今日お話をお伺《うかが》いした合従連衡《がっしょうれんこう》の部分を、わざわざ切ってくるようなことをやりましたので。

蔡英文守護霊　まあ、中国の大きさを考えればね、ほかのアジアの諸国を合わせたって敵《かな》わないと思ってるし、まだまだ、中国自体が、もうすぐアメリカを追い越《こ》すつもりでいるからね。もうすぐ追い越して、世界最強になるつもりでいるから。二十一世紀前半で世界最強の覇権国《はけんこく》になって、軍事的にも経済的にもトップになって世界を治めて、そうやって習近平が英雄《えいゆう》になるつもりでいるんでしょう。だけど、敵は出てくるでしょうねえ、たぶんねえ。

里村　うーん。

蔡英文守護霊　敵はでもねえ、「民衆」だよ。民衆が敵なんだよ、ほんとはね。民衆に正しい知識を広げることで……。

まあ、革命を拒否《きょひ》できない国ですからね、中国はねえ。共産党政府自体は革命によって成り立ったわけですから。

里村　そうですね。

蔡英文守護霊　だから、（中国は）革命によって滅《ほろ》びるところだと思いますよ。

里村　はあ、なるほど。

蔡英文氏守護霊は、幸福の科学の運動をどう見ているか

大川裕太　今回、総統に当選される前に、蔡総統のほうには、当会の信者の方から、当会の経典である『太陽の法』『黄金の法』（共に幸福の科学出版刊）が直接献本《けんぽん》されている、と伺っております。

蔡英文守護霊　うん。

大川裕太　おそらく、お読みいただけたかと思うのですが、大川隆法総裁、また、この幸福の科学という団体について、どのようなご感想をお持ちでしょうか。

蔡英文守護霊　いやあ、日本が偉大《いだい》で、日本人に偉大な方がいらっしゃるということは、とっても心強いので。

大川裕太　はい。

蔡英文守護霊　まあ、アメリカも、もっと説得していただきたいし、ヨーロッパも説得していただきたいですねえ。アメリカとヨーロッパを説得して、何て言うのかなあ、うーん。中国は、今、「世界支配戦略」を持ってますよね、はっきり言ってね。

里村　はい。

蔡英文守護霊　世界を支配しようとしてますよ。だから、〝習近平さんの後継《あとつ》ぎ〟が支配しようとしてるけど、中国みたいな国が世界中に広がったら、それは困るでしょう。やっぱり護《まも》らなきゃいけないものはあると思いますね。

　だから、日本から偉大な方が出てきてくれて結構だと思います。台湾でも、ぜひとも大きな伝道をして、信者を増やしてくださいよ。

　まあ、中国が、今、することがないので、しかたなく孔子《こうし》を復活させたり、毛沢《もうたく》東《とう》像をつくって大仏の代わりにしたりしてるけど、付け焼《や》き刃《ば》みたいなもんで、結局は、「習近平信仰《しんこう》」なんでしょうけどもね（注。二〇一五年十二月に中国河南省《かなんしょう》の農村に巨大《きょだい》な金色の毛沢東像が建設されたが、二〇一六年一月に突如撤去《とつじょてっきょ》されたと報じられた）。

里村　はい。

蔡英文守護霊　いや、習近平の実像を正しく見抜《みぬ》いたのは、幸福の科学が最初だと思うのでね。

　この人は、基本的に〝大量殺戮《さつりく》マシーン〟ですよ。まあ、それを「神」と見るかどうかは知りませんがね。軍神にはそういうところもあるから。

だから、中国が世界を支配する時代をつくろうとしているのは分かる。今、それが「世界精神」になるかどうかの戦いが始まってるんだと思うけども。

まあ、日本に偉大な救世の人が出てくることによって、これは歯止めがかけられることになるんではないかと、私は思っているんですけどね。「思想」が民衆を救うと、私は見ています。核《かく》ミサイルの撃《う》ち合いをしたところで、解決はしないですよ、最終的にはね。

里村　うーん……。

蔡英文守護霊　だから、まずは北朝鮮を、とにかく「武装解除」させないと駄目《だめ》ですよ。日本を「武装解除」させたぐらいなんですから、北朝鮮ぐらいやらなきゃ駄目ですよ。「武装解除」させないことには、もう核兵器がアジアに溢《あふ》れてしょうがなくなるから。

里村　そうですねえ……。

蔡英文守護霊　まずは、あれ、「武装解除」させなきゃいけないですねえ。あとは、インドを、価値観的に同じ方向に引っ張っていかなければいけないでしょうね。インドはやっぱり、大国になりますからね、いずれね。まあ、このへんを上手に繋《つな》がないと。スリランカのところも中国と取り合いでしょうからね、将来的には。まあ、あちら（中国）はパキスタンのほうを押《お》さえてきてるから、ぶつけてくるとは思いますけど。

里村　はい。

蔡英文守護霊　まあ、両方崩《くず》せる可能性はありますよ。日本は、インドともパキスタンとも仲良くなれる可能性は持ってると思いますので、両方崩してしまって「日本寄り」に持っていったほうがいいと思いますね。

里村　幸福の科学には、パキスタンの方も信者さんにいらっしゃいますので。

蔡英文守護霊　ええ、ええ、ええ。パキスタンからネパールあたりも護《まも》らないと取られますから、いずれね。このままではね。

里村「そういう国論を、幸福の科学が主導していかないといけない」と。

蔡英文守護霊　うん、うん。「思想」っていうのは、けっこう強いもんですよ。「思想」っていうのはねえ、その国でしかるべき人がねえ、一万人ぐらい、その思想を知っておれば、けっこう国論は変わりますよ。

だから、地震の救済をしつつ、しっかり台湾にも思想を広げたらいいんじゃないですか？

大川裕太　ありがとうございます。頑張らせていただきます。

アジアや世界の「平和・安定・繁栄《はんえい》」に向けてのメッセージ

里村　最後に、施政《しせい》方針演説にはまだ早いんですけれども。

蔡英文守護霊　まあ、そうね。

里村　ただ、守護霊様から、こういうお言葉を頂く機会は、なかなかございません。

蔡英文守護霊　うん。

里村　これから、アジアの平和、安定、繁栄《はんえい》、もちろん、これは世界とも繋がりますけども、これにどのようにかかわりを持たれるのか。ぜひ、方針や希望というものを、最後にお伺いしたいと思います。

蔡英文守護霊　まあ、アメリカの勢力が衰退《すいたい》してるという読みもあるけれども、私はね、アメリカは、ちゃんと振《ふ》り子が戻《もど》ってくると思ってるので。再度、「世界の警察官」としての役割を果たし、自由主義の旗手《きしゅ》としての使命を果たすようになるし、まあ、自由と民主主義の旗手に戻ってくると思う。

だから、衰退だけを想定するのは間違《まちが》いだと思います。必ず、オバマさんの流れは逆流してくると思うので、日本はブレないことが大事です。

ブレずに、「自由」、「民主主義」、それから、「市場経済」。

さらに、あなたがたが、今、新しく「霊界思想《れいかい》」も広げようとしてるんでしょうから、「新しい宗教」が世界に必要でしょうね。

里村　はい。

蔡英文守護霊　だから、こういう「繁栄思想も含《ふく》んだ、唯物論《ゆいぶつろん》に対抗《たいこう》できる思想」を広げていくことが大事ですね。

私たちも、そのなかに入っていきたいと思うし、たぶん、その思想はヨーロッパも救うことができる思想になると思う。

まあ、あなたがたの考えのなかには、イスラム圏《けん》もターゲットに入ってるんだと思うけど、イスラムを救わなきゃ、今のままではいけないわね。改革が起きなければ救えないですから。

欧米《おうべい》とイスラムとの血みどろの戦いが延々と続くような世界は、やっぱり、よろしいことではないので。欧米のなかに、宗教思想としての改善を求めると同時に、イスラムのほうも近代化することを手助けして、もうちょっと住みよい世界をつくるように努力してくださることを望みたいと思う。

そういう意味で、日本の政治家は凡庸《ぼんよう》であってはならないと思いますね。ブレずに、正しい方向に情報発信することが大事です。

まあ、しっかり台湾を救い、香港《ホンコン》も、もうちょっと助けてやってくださいよ。あのままではいけないと思います。

それから、沖縄《おきなわ》は死守しなければいけないですね。沖縄は、米軍を追い出し、さらに中国の前線基地になるようではいけないです。

里村　はい。

蔡英文守護霊　「尖閣《せんかく》は台湾のほうだ」という説もあったり、「中国のもんだ」と言ったり、いろいろ言われてるけども、実効支配してるところがそんなふうに言われるっていうことは、やっぱり情けないことですね。ぜひとも、尖閣あたりに、日本も前線基地を、きちっとおつくりになられたらいいんじゃないかなというふうに思いますね。

里村　はい、ありがとうございます。これからのご活躍《かつやく》をお祈《いの》りしております。また、私どもも、日本でできること、世界でできることを、精いっぱいやってまいりたいと思います。本日は本当に数多くのご指導を賜《たまわ》りまして、まことにありがとうございました。

蔡英文守護霊　まあ、女性初の総統ということで、なめられることも多いかとは思いますけれども、どうか、おたくさまのほうからの〝援護射撃《えんごしゃげき》〟を期待しております。

里村　かしこまりました。ありがとうございました。

蔡英文守護霊　はい。

10　蔡英文氏の守護霊インタビューを終えて

大川隆法　（手を三回叩《たた》く）意外に立派な方のように思いました。

里村　はい。

大川隆法　前任者の馬《ば》総統（守護霊）のほうが〝ふにゃふにゃ〟している感じを受けたのですが。

里村　そうですね。ええ。

大川隆法　応援《おうえん》してあげなければいけないようではありますね。どうやら、（幸福の科学の）仲間にだいぶ知り合いがいるようですね。そんな感じでしたので、近づけるかもしれません。

里村　はい。

大川隆法　うーん。真輝《まさき》専務が中国語で台湾《たいわん》伝道をなされるかもしれませんが（笑）。

大川裕太　幸福実現党としても、幸福の科学の海外部門としても、台湾での伝道活動を、しっかり頑張《がんば》ってまいりたいと思います。

大川隆法　そうですね。地震《じしん》もあって大変でしょうが、多少はお手伝いできるところはして、将来的にも、沖縄《おきなわ》だけでなく、「台湾も護《まも》る」というところまでいかないといけないと主張したほうがいいのかな。「沖縄を侵略《しんりゃく》させない」だけでなく、「台湾の独立を護る」ということを、思想として打ち込《こ》まないといけないのかもしれません。

里村　はい。今日は、その必要性を非常に感じました。

大川隆法　感じましたね。

里村　はい。

大川隆法　はい。それでは、ありがとうございました（手を一回叩く）。

一同　ありがとうございました。

あとがき

本文で読まれた通り、蔡英文氏は、相当に頭脳明晰《ずのうめいせき》で、戦略もキッチリとした方である。読者にも蔡氏のファンとなった人は多かろう。北朝鮮になんかナメられるな、と日本人にかわって怒ってくれているかのようである。

日本も台湾が防衛している程度には、国土防衛しなければなるまい。将来、核ミサイルを発射することになるかもしれない北朝鮮に対しては、経済制裁のみならず、ドローンなどで夜間にミサイルサイトを攻撃することも当然自衛の範囲だと考えねばなるまい。また米国は言うまでもなく、台湾、フィリピン、ベトナム、インド、オーストラリア、スリランカなどとも協力関係を強めていかねばなるまい。

今年は、「正義とは何か」を考える年でもあると同時に、徹底的に「国際政治」の年でもあることに多くの方がいち早く目覚めることを望みたい。

二〇一六年　二月八日

幸福《こうふく》の科学《かがく》グループ創始者兼総裁《そうししゃけんそうさい》
幸福実現党総裁《こうふくじつげんとうそうさい》
大川隆法《おおかわりゅうほう》

『緊急・守護霊インタビュー　台湾新総統　蔡英文の未来戦略』

大川隆法著作関連書籍

『太陽の法』（幸福の科学出版刊）
『黄金の法』（同右）
『日本よ、国家たれ！　元台湾総統 李登輝守護霊 魂のメッセージ』（同右）
『孫文のスピリチュアル・メッセージ』（同右）
『世界皇帝をめざす男』（幸福実現党刊）
『中国と習近平に未来はあるか』（同右）

緊急《きんきゅう》・守護霊《しゅごれい》インタビュー
台湾新総統《たいわんしんそうとう》　蔡英文《さいえいぶん》の未来戦略《みらいせんりゃく》

2016年2月9日　初版第1刷

著　者　　大川《おおかわ》隆法《りゅうほう》

発行所　　幸福の科学出版株式会社

〒107-0052 東京都港区赤坂2丁目10番14号
TEL(03)5573-7700
http://www.irhpress.co.jp/

印刷・製本　株式会社 研文社

落丁・乱丁本はおとりかえいたします

ISBN978-4-86395-767-1 C0030
写真：ロイター／アフロ

大川隆法霊言シリーズ・緊迫する東アジア情勢を読む

北朝鮮・金正恩はなぜ「水爆実験」をしたのか
緊急守護霊インタビュー

2016年の年頭を狙った理由とは？ イランとの軍事連携はあるのか？ そして今後の思惑《おもわく》とは？ 北の最高指導者の本心に迫る守護霊インタビュー。

1,400円

守護霊インタビュー
朴槿恵韓国大統領 なぜ、私は「反日」なのか

従軍慰安婦問題、安重根記念館、告げ口外交……。なぜ朴槿恵大統領は反日・親中路線を強めるのか？ その隠された本心と驚愕の魂のルーツが明らかに！

1,500円

沖縄の論理は正しいのか？ ── 翁長《おなが》知事への スピリチュアル・インタビュー ──

基地移設問題の渦中にある、翁長知事の本心が明らかに。その驚愕の「沖縄観」とは!? 「地方自治」を問い直し、日本の未来を指し示す一書。

1,400円

幸福の科学出版

大川隆法シリーズ・国を守る気概を取り戻す

日本建国の原点

この国に誇りと自信を

二千年以上もつづく統一国家を育んできた神々の思いとは――。著者が日本神道・縁《ゆかり》の地で語った「日本の誇り」と「愛国心」がこの一冊に。

1,800円

真の平和に向けて

沖縄の未来と日本の国家戦略

著者自らが辺野古を視察し、基地移設反対派の問題点を指摘。戦後 70 年、先の大戦を総決算し、「二度目の冷戦」から国を護る決意と鎮魂の一書。

1,500円

自由の革命

日本の国家戦略と世界情勢のゆくえ

「集団的自衛権」は是か非か！？ 混迷する国際社会と予断を許さないアジア情勢。今、日本がとるべき国家戦略を緊急提言！

1,500円

新時代をリードする20代のオピニオン

新・神国日本の精神

真の宗教立国をめざして

大川咲也加　著

先人が国づくりに込めた熱き思いとは。明治憲法制定に隠された「歴史の真相」と「神の願い」を読み解き、未来を拓くための「真説・日本近代史」。

1,500円

大川隆法の〝大東亜戦争〟論［下］

「文明の衝突」を超えて

大川真輝　著

大東亜戦争当時から現代にまで続く「文明の衝突」とは。「虚構の歴史」を明らかにし、「日本再建」を目指したシリーズが、ついに完結！【ＨＳＵ出版会刊】

1,300円

幸福実現党テーマ別政策集　4

「未来産業投資／規制緩和」

大川裕太　著

「20年間にわたる不況の原因」、「アベノミクス失速の理由」を鋭く指摘し、幸福実現党が提唱する景気回復のための効果的な政策を分かりやすく解説。【幸福実現党刊】

1,300円

※表示価格は本体価格（税別）です。

大川隆法シリーズ・**最新刊**

リクルート事件と失われた日本経済20年の謎 江副浩正元会長の霊言

なぜ急成長企業はバッシングされるのか? 江副浩正・元会長が「リクルート事件」の真相を語る! 安倍政権の成長戦略の死角も明らかに。

1,400円

「アイム・ファイン!」になるための7つのヒント

いつだって、天使はあなたを見守っている

人間関係でのストレス、お金、病気、挫折、大切な人の死——。さまざまな悩みで苦しんでいるあなたへ贈る、悩み解決のためのヒント集。

1,200円

遠藤周作の霊界談義

新・狐狸庵閑話

『沈黙』などの純文学やエッセイで知られる遠藤周作氏が霊界から贈る、劣等感や恋愛に悩む人、高齢者へのユーモア溢れる虚虚実実のアドバイス。

1,400円

天使は、見捨てない。
天使にアイム・ファイン
I'm fine!
製作総指揮/大川隆法
雲母（きらら） 芦川よしみ 金子昇 清水一希 合香美希
原作/『アイム・ファイン』大川隆法（幸福の科学出版）
監督・脚本/園田映人 音楽/大門一也 製作：ニュースター・プロダクション 制作プロダクション：ジャンゴフィルム 配給：日活 配給協力：東京テアトル
©2016ニュースター・プロダクション
5つの傷ついた心に、奇跡を起こす ―
G
3.19(SAT)ROADSHOW
www.newstar-pro.com/tenshi/
NIKKATSU

幸福の科学グループのご案内

宗教、教育、政治、出版などの活動を通じて、地球的ユートピアの実現を目指しています。

幸福の科学

一九八六年に立宗。信仰の対象は、地球系霊団の最高大霊、主エル・カンターレ。世界百カ国以上の国々に信者を持ち、全人類救済という尊い使命のもと、信者は、「愛」と「悟り」と「ユートピア建設」の教えの実践、伝道に励んでいます。

（二〇一六年二月現在）

愛

幸福の科学の「愛」とは、与える愛です。これは、仏教の慈悲《じひ》や布施《ふせ》の精神と同じことです。信者は、仏法真理をお伝えすることを通して、多くの方に幸福な人生を送っていただくための活動に励んでいます。

悟り

「悟り」とは、自らが仏の子であることを知るということです。教学《きょうがく》や精神統一によって心を磨き、智慧《ちえ》を得て悩みを解決すると共に、天使・菩薩《ぼさつ》の境地を目指し、より多くの人を救える力を身につけていきます。

ユートピア建設

私たち人間は、地上に理想世界を建設するという尊い使命を持って生まれてきています。社会の悪を押しとどめ、善を推し進めるために、信者はさまざまな活動に積極的に参加しています。

海外支援・災害支援

国内外の世界で貧困や災害、心の病で苦しんでいる人々に対しては、現地メンバーや支援団体と連携して、物心両面にわたり、あらゆる手段で手を差し伸べています。

自殺を減らそうキャンペーン

年間約３万人の自殺者を減らすため、全国各地で街頭キャンペーンを展開しています。

公式サイト　**www.withyou-hs.net**

ヘレンの会

ヘレン・ケラーを理想として活動する、ハンディキャップを持つ方とボランティアの会です。視聴覚障害者、肢体不自由な方々に仏法真理を学んでいただくための、さまざまなサポートをしています。

公式サイト　**www.helen-hs.net**

学部のご案内

人間幸福学部

人間学を学び、新時代を切り拓くリーダーとなる

人間の本質と真実の幸福について深く探究し、
高い語学力や国際教養を身につけ、人類の幸福に貢献する
新時代のリーダーを目指します。

経営成功学部

企業や国家の繁栄を実現する、起業家精神あふれる人材となる

企業と社会を繁栄に導くビジネスリーダー・真理経営者や、
国家と世界の発展に貢献する
起業家精神あふれる人材を輩出します。

未来産業学部

新文明の源流を創造するチャレンジャーとなる

未来産業の基礎となる理系科目を幅広く修得し、
新たな産業を起こす創造力と起業家精神を磨き、
未来文明の源流を開拓します。

未来創造学部

2016年4月
開設予定

時代を変え、未来を創る主役となる

政治家やジャーナリスト、ライター、俳優・タレントなどのスター、
映画監督・脚本家などのクリエーターを目指し、国家や世界の発展、
幸福化に貢献できるマクロ的影響力を持った徳ある人材を育てます。

キャンパスは東京がメインとなり、2年制の短期特進課程も新設します（4年制の1年次は千葉です）。2017年3月までは、赤坂「ユートピア活動推進館」、2017年4月より東京都江東区（東西線東陽町駅近く）の新校舎「HSU未来創造・東京キャンパス」がキャンパスとなります。

教育

学校法人 幸福の科学学園

学校法人　幸福の科学学園は、幸福の科学の教育理念のもとにつくられた教育機関です。人間にとって最も大切な宗教教育の導入を通じて精神性を高めながら、ユートピア建設に貢献する人材輩出を目指しています。

幸福の科学学園

中学校・高等学校（那須本校）
2010年4月開校・栃木県那須郡（男女共学・全寮制）
TEL **0287-75-7777**
公式サイト **happy-science.ac.jp**

関西中学校・高等学校（関西校）
2013年4月開校・滋賀県大津市（男女共学・寮及び通学）
TEL **077-573-7774**
公式サイト **kansai.happy-science.ac.jp**

ハッピー・サイエンス・ユニバーシティ（HSU）
TEL **0475-32-7770**

仏法真理塾「サクセスNo.1」 TEL **03-5750-0747**（東京本校）
小・中・高校生が、信仰教育を基礎にしながら、「勉強も『心の修行』」と考えて学んでいます。

不登校児支援スクール「ネバー・マインド」 TEL **03-5750-1741**
心の面からのアプローチを重視して、不登校の子供たちを支援しています。
また、障害児支援の**「ユー・アー・エンゼル！」運動**も行っています。

エンゼルプランV TEL **03-5750-0757**
幼少時からの心の教育を大切にして、信仰をベースにした幼児教育を行っています。

シニア・プラン21 TEL **03-6384-0778**
希望に満ちた生涯現役人生のために、年齢を問わず、多くの方が学んでいます。

NPO 活動支援

いじめから子供を守ろうネットワーク

学校からのいじめ追放を目指し、さまざまな社会提言をしています。また、各地でのシンポジウムや学校への啓発ポスター掲示等に取り組む一般財団法人「いじめから子供を守ろうネットワーク」を支援しています。

公式サイト **mamoro.org**
ブログ **blog.mamoro.org**
相談窓口 **TEL.03-5719-2170**

政治

幸福実現党

内《ない》憂《ゆう》外《がい》患《かん》の国難に立ち向かうべく、二〇〇九年五月に幸福実現党を立党しました。創立者である大川隆法党総裁の精神的指導のもと、宗教だけでは解決できない問題に取り組み、幸福を具体化するための力になっています。

党員の機関紙
「幸福実現NEWS」

TEL 03-6441-0754
公式サイト hr-party.jp

出版メディア事業

幸福の科学出版

大川隆法総裁の仏法真理の書を中心に、ビジネス、自己啓発、小説など、さまざまなジャンルの書籍・雑誌を出版しています。他にも、映画事業、文学・学術発展のための振興事業、テレビ・ラジオ番組の提供など、幸福の科学文化を広げる事業を行っています。

アー・ユー・ハッピー？
are-you-happy.com

ザ・リバティ
the-liberty.com

幸福の科学出版
TEL 03-5573-7700
公式サイト irhpress.co.jp

THE FACT

ザ・ファクト
マスコミが報道しない
「事実」を世界に伝える
ネット・オピニオン番組

Youtubeにて
随時好評配信中！

ザ・ファクト　検索